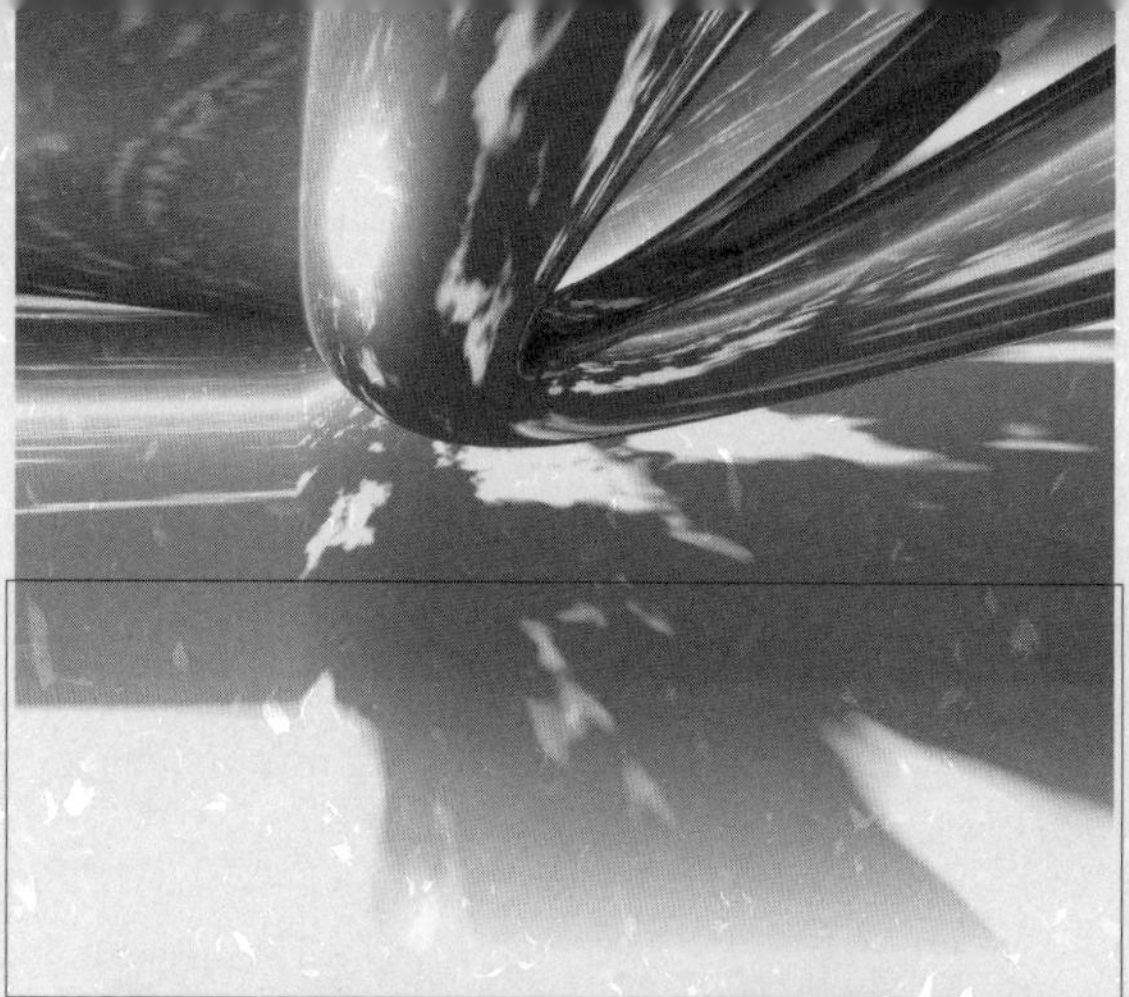

キラリ！輝く
元気企業

中国地域を支える企業家精神と技術力

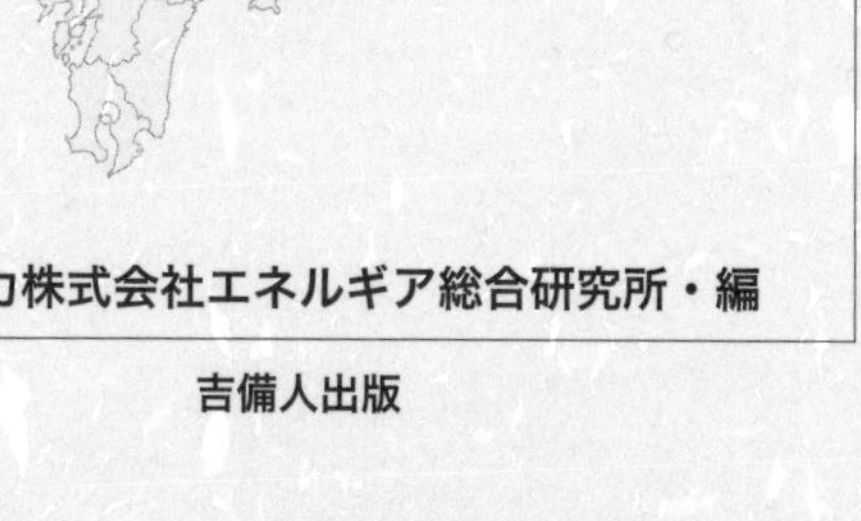

中国電力株式会社エネルギア総合研究所・編

吉備人出版

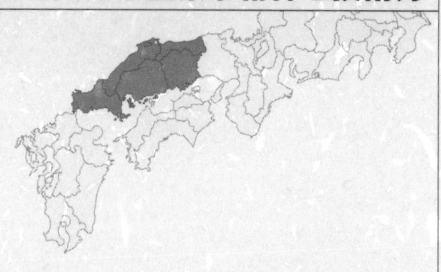

はじめに

二〇〇八年後半、米国発の金融危機をきっかけとして、ヨーロッパ、アジアなど世界中に景気減速の波が押し寄せ、世界同時不況の様相が強まっています。

こうしたなか、わが国は長いバブル経済不況を乗り越えた経験から、世界経済をリードしていく役割を期待されています。さらに、わが国経済の原動力でもある、卓越した技術力や目先の利益を追わない長期的な視点に立った経営戦略があらためて評価されてきています。

このような企業の強みは、地方においてさらに顕著であり、卓越した経営者による企業経営や特色ある技術を持つ地域企業の奮闘により、地域経済はしっかりと維持・発展されているともいえます。

中国電力株式会社エネルギア総合研究所では、中国地域の情報誌「碧い風」を一九九二年に発刊して以来、その連載企画として、中国地域の優れた経営者の生い立ちから起業に至った経緯、その経営哲学や理念などを紹介する『地域に生きる企業家群像』、中国地域の特色ある企業の優れた技術や製品に焦点を当て紹介する『キラリ、輝く元気企業』、および中国地域の産学官連携の優れた取り組みを紹介する『産学官連携最前線』により、当地域の優れた企業や技術・製品の情報を中国地域および全国に情報発信しております。

本書は、最近の「碧い風」に掲載した企業の中から、今後地域を担っていく経営者や技術・製品に焦点を当て、その経営哲学や経営戦略、企業発展のきっかけとなったポイントなどを中心に再構成し紹介しています。

地域企業の経営者の方や地域企業にご関心をお持ちの方、あるいは起業を志している方などさまざまな方々の参考になれば幸いです。

最後になりましたが、本書の刊行にあたり、推薦文をご寄稿いただきました一橋大学大学院商学研究科教授の関満博先生、掲載先企業選定などにご助言をいただきました広島大学大学院社会科学研究科附属地域経済システム研究センター長の伊藤敏安先生、本書刊行に快くご協力いただきました企業の方々、編集・出版をお引き受けいただきました有限会社城市創事務所ならびに株式会社吉備人に厚くお礼申しあげます。

二〇〇九年一月

中国電力株式会社　エネルギア総合研究所
所長　末廣　惠雄

キラリ！輝く元気企業　【目次】

はじめに　末廣惠雄（中国電力株式会社エネルギア総合研究所所長）

第一部　輝く企業家精神

第二部　光る企業・技術

※本書に掲載している企業データは、二〇〇八年十二月現在で各企業から提供されたものです。

装丁　オムデザイン（道信勝彦）

地域の「未来」を担う中小企業の時代

一橋大学大学院教授　関　満博

問われる日本の産業・中小企業の方向性

地域産業・中小企業をテーマとしている私は、東アジアの農村から日本の中山間地域までを自分の研究フィールドにしている。一九八〇年代の中頃以降、中国を中心とした東アジアの諸国地域が急速に近代工業化を進めたことから、日本の産業は重大な影響を受け、モノづくり産業のかなりの部分は中国・アジアに移管されていった。いわゆる「空洞化」が進んでいることを痛感させられる。特に、中国の存在は日に日に大きなものになり、日本との分担の構図が際立つものになってきた。繊維・日用品・食品からパソコンなどのIT製品に至るまで、相当の品目と量が中国・アジア依存となっているのである。

このような状況の中で、日本の産業・中小企業はどのようにしていけばよいのかが問われている。その場合、私たちの日本の産業・中小企業が置かれている位置が、一九九〇年を前後する頃から大きく変わってきていることを明確に理解しておく必要があるように思う。

「一次方程式」の時代から「連立方程式」の時代へ

一九九〇年頃までの日本の産業・中小企業が置かれている位置は、対外的には「アメリカ依存」であり、国内的には「みんなが若く、まだ、やや貧しかった」というものであろう。このことが基本的な条件になり、先輩たちはアメリカの背中を見ながら必死に頑張ったのであった。身体に汗する人が成功できる時代であった。いわば先の見通せる「一次方程式」の時代ということであろう。

だが、一九八五（昭和六十）年の「プラザ合意」から一九九二（平成四）年の「バブル経済崩壊」に至るおよそ七年を経てたどりついた私たちの新たな世界は、全く異なったものになっていった。

対外的な新たな条件は、アメリカも重要だが「中国・アジア」の存在が日に日に大きくなる時代というものに変わっていく。また、国内の基礎的条件は「若くて、やや貧しい」から、明らかに、みんなが「高齢で、豊か」というものに変わっていく。さらに「ＩＴ」は当たり前になり、「環境」がしっかりしていないと人類は生き残れないことも実感されていく。

この新たな時代の基礎的条件は、「中国・アジア」「高齢で、豊か」「ＩＴ」「環境」という少なくとも四つのファクターによるものになってきた。いわばそれらの「連立方程式」の時代というべきであろう。

「問題解決能力」から「問題発見能力」へ

しかも、先の「一次方程式の時代」には、方程式がすでに出来上がっており、私たちはそれを解くことを求められていた。だが、この新たな「連立方程式の時代」になると、世界に先例はなく、私たち自身が「方程式」そのものを作っていかなくてはならない。いわば「問題解決能力」が問われる時代から、「問題発見能力」が問われる時代に変わってきたということであろう。

振り返るまでもなく、私たちは欧米先進国に追いつくために、これまで「問題解決能力」の育成に必死に力を注ぎ、大きな成果を獲得してきた。だが、すでに世界に先例はなくなり、私たち自身が先端に立ち、「問題」そのものを「発見」していくことが問われ始めている。だが、私たちにはそうした経験がなく、そのための教育も受けていない。この十数年間の私たちの戸惑いは、そのような地点に立ったことによるのではないかと思う。

おそらく、このような状況は私たちにとっては有史以来のこととなろう。私たち自身が、新たな世界の歴史を切り開いていくという興味深い局面に立たされている。まさに、私たちはそうした魅力的な課題に直面し、それに挑戦的になれるかが問われているのである。それは、見方を変えれば、実に創造的な環境に置かれていることを意味するであろう。

中小企業は「地域」のものである

このような状況の中で、地域にしっかりと根を張っている中小企業に期待される点は極めて大きい。昔から「企業は誰のものか」という議論がある。私の若かった四十年ほど前には、「資本のものであり、労働者のものでもある」という意見が支配的であった。その後、バブル経済の頃には「株主のものである」という言い方に変わっていく。

だが、近年では「株主のものであるが、従業員のものでもあり、顧客のものでもある」という言い方になっているように思う。私は、特に地域の中小企業については、それに加えて「地域のものでもある」という言い方を加えることが適切ではないかと考えている。

地域の中小企業は地域の責任ある立場として、人びとの雇用を守り、そこに関わる人びとを成長させ、そして、地域に深く貢献することが基本であり、そして、新たな時代を切り開く担い手として活躍していくことが求められているのだと思う。

企業だけが繁栄し、地域が疲弊《ひへい》していくなどは最悪と言わねばならない。中小企業が繁栄し、そこに関わる地域と人びとが豊かになることが基本であろう。企業も人びとも有限だが、地域は「永遠」なのである。

新たな時代の担い手としての「地域中小企業」

私は毎週後半、全国地域の中小企業を訪ね歩いている。日本は本当に奥行きの深い国であり、全国の至る所に素敵な中小企業が存在している。それらの多くは自身が地域の責任ある立場にあることを深く意識し、雇用を守り、人びとを幸せにするために必死の努力を重ねている。このような地域中小企業が広く存在している限り、日本の「未来」は明るい。

そして、このような地域中小企業には、実に魅力的な経営者がいることを知ることができる。本書に登場する地域中小企業、経営者の方々は、まさにそうした存在の典型なのであろう。そして素敵な経営者の率いる中小企業には、また、次の時代を担う魅力的な若者たちが育っていくのである。中小企業こそ「人材」が全てであることは言うまでもない。

先に指摘したように、二〇〇〇年代に入り、私たちの「未来」に向けての枠組みは大きく変わりつつある。時は世界的に「人材立地」の時代とされている。優れた志の高い経営者とともに、そこに集う若者たちが育っていくことが最大の価値と言うべきであろう。そうしたあり方が、地域の将来を決していくことは間違いない。本書に登場する中小企業、経営者だけでなく、地域の中小企業の全てが、新たな時代を切り開く担い手として活躍していくことが期待される。

プロフィール

せき・みつひろ　一九四八年富山県生まれ。成城大学大学院博士課程修了。東京都商工指導所、東京情報大学助教授、専修大学助教授、一橋大学教授を経て、二〇〇〇年から現職。主な著書に『現場発　ニッポン空洞化を超えて』『北東アジアの産業連携』『現場主義の知的生産法』などがある。一九九七年にサントリー学芸賞、一九九八年に大平正芳記念賞特別賞などを受賞。

第一部

輝く企業家精神

小さな地方都市から世界ブランドを目指す

株式会社米吾《こめご》
社長
内田雄一朗
（鳥取県米子市）

鉄道敷設の貢献で駅弁を販売

常に社員とともに夢を抱きながら、熟成解凍技術によって開発した吾左衛門鮓《ずし》で食の世界ブランドを目指しているのが株式会社米吾の内田雄一朗社長である。

内田社長は一九五二（昭和二十七）年に米子市で生まれた。父親の内田健二郎氏（現会長）は内田家十三代目で、二十七歳の若さで有限会社米吾の社長に就任した。内田家は、江戸幕府開府の数十年後から伝統ある商家として代々米屋吾左衛門を名乗り、回船問屋や米屋などを営み、地域経済に大きく貢献してきた。

内田家が米吾を創業したのは一九〇二（明治三十五）年である。十代目内田吾吉郎は、現在のJR山陰本線の敷設工事に協力、貢献したとして、米子駅構内での営業権を与えられた。これによって、米子駅で駅弁などを販売するようになったのである。

その後、駅弁販売は営々として受け継がれ、戦争などの時勢に翻弄《ほんろう》されながらも、少しも揺らぐことなく新製品を相次いで開発していった。また、駅弁だけでなく仕出し料理なども手掛けるようになった。

特に内田会長は、時代の変化を見据えて経営の近代化を図っていった。一九六一（昭和三十六）年には、同じ事業を営む会社などに呼びかけて国鉄（現JR）内での車内販売会社を設立し、翌年に米子駅が改築されると、駅二階に観光食堂を開店させた。また、一九六五（昭和四十）年には、駅前再開発事業を契機に、結婚式場や会議場、貸事務所などが入る六階建てのビルを建設した。

一方、本業の駅弁でも画期的な新製品を開発していった。吾左衛門鮓である。吾左衛門鮓は、先祖米屋吾左衛門が回船問屋を営んでいた時、船子たちの弁当にすしを提供していたことにヒントを得たものだ。ローカル色を出すために、米子に近い境港で水揚げされるサバを使った押しずしである。そこには、名物が少ない山陰地域の活性化に貢献したいという思いがあった。

また、吾左衛門鮓を開発する前には、米子市内にケータリングセンターを新築した。これによって生産性や品質の向上、流通の効率化などを実現することができ、市場で高く評価された吾左衛門鮓をはじめとして、売り上げを大きく伸ばしていった。

ターニングポイントとなった三年間

内田会長の長男として生まれた内田社長は、地元の中学校を卒業すると、東京の高校に進学した。本人も早く自立したいと考え、母親も早くひとり立ちした方が良いと思っていたからだった。高校時代、内田社長は米国に短期留学し、米国の文化や社会事情を学んだ。

大学で英米の文化を研究した内田社長は、卒業後、東京の保険代理店に勤めた。しかし、「帰ってこい」という父親の言葉もあって、二十四歳の時に帰郷し、米吾で働くようになった。

その当時の米吾はケータリングセンターで吾左衛門鮓の開発に取り組んでいるころで、父親は最先頭で事業を引っ張っていた。その半面、父親の「個人商店」の色彩があまりにも強くなっており、内田社長にはこのままでは会社は成長しないように思われた。

「しかし、そのことをきちんと父親に言えませんでした。それは、経営ノウハウなどを勉強してこなかった私の力不足です。だから、もう一度勉強したいと決意し、父親に直談判したのです」

向き合う父親と息子の間に長い沈黙の時が続いた。「仕事を勉強するために、もう一度東京に行かせてください」「だめだ、仕事はやりながら覚えるものだ。絶対に許さん」。こんな言葉を交わした後、二人はただ相手を睨《にら》みつけるばかりだった。

正面に座る父親の顔は紅潮し、メガネの奥からは厳しい視線が自分に注がれていた。おそらく、子どもの時であったなら、「ごめんなさい」と言って父親の指示に従っていただろう。しかし、今日は違っていた。なんとしてでも東京で勉強し直さなくてはならないという強い意志を持って、父親と対座していた。父親の顔をじっと見つめていると、さまざまなことが脳裏に浮かんできた。

内田雄一朗氏（撮影：白根俊彦）

社員を厳しく指導する父親。駅前の市にリヤカーで野菜などを運ぶ農家のお母さんたちに「ありがとうね」と声をかける父親。泣きじゃくる子どもを殴った親を厳しく叱る父親。お世話になった方を見かけると、車の中でも深々と頭を下げる父親。

経営のノウハウを直接教えられたことはなかった。いつも、父親の後ろ姿を見ながら、何かを学んでいた。それが経営者の志であると分かったのは、父親と一緒に会社の経営に携わるようになってからだ。

尊敬すべき経営者である。しかし、時代が大きく変わる中で会社が成長するためには、父親がやってきたのとは違うビジネスが求められていた。そのことは分かっているのに、父親にきちんと説明することはできなかった。

「だから、東京でもう一度経営の勉強をしたいと思ったのです。それは、会社のため、社員のためであるとともに、何よりも自分自身のためでした。結局、三年間東京で勉強することができましたが、それは自分にとって大きなターニングポイントとなりました」

父親である社長と面と向き合い、身じろぎもしないで主張を貫いた内田社長は、三年間の約束で東京に行った。東京では、中小企業大学校で経営を学ぶとともに、販売士などの資格も取得した。

それは充実した三年間だった。講義を聴きながら、「これはあの時のことだ」「あの場合はこう考えるべきだったのだ」と、米吾での実体験と重ね合わせながら理論を学ぶことができた。その意味で、内田社長の言葉にもあったように、この三年間は内田社長にとって大きなターニングポイントだったのである。

大きな自信となったホテル事業の成功

三年間の「勉強」を終えた内田社長は、再び米吾で働くようになり、副社長に就任した。

時代が「平成」に変わった数年後から、内田社長はある構想を抱くようになった。それは、駅前の区画整理事業などを機に、お客さまが快適に過ごせる質の高いホテルを建設することだった。その当時、駅周辺ではホテルの建設計画が相次いでおり、周囲は反対の声ばかりだった。

「調査研究や視察を行った結果、立地条件も良く、高いクオリティーの確保や効率的な料金設定をすれば、十分に経営は成り立つと判断しました。父親は大反対でしたが、必死に説明して、何とか理解してもらいました。その代わり、米吾という名前は使わせてもらえず、ホテルハーベストイン米子という名称になったのです」

一九九四（平成六）年に完成したホテルハーベストイン米子は、最新の設備を数多く取り入れ、訪れる人を驚かせた。エレベーターは室内環境に配慮したリニアモーター式を導入し、体の揺れや音を極力少なくした。また、宿泊客が部屋を出る時も約十五秒間は残照させたり、ドアの下にゴムのパッキンが出て室外の音声を遮断するといった、アイデアを凝らした設備を施した。

こうした最新の設備やもてなしは、女性を中心としたお客さまから高く評価され、数多くのリピーター客を育てている。それは、これからのホテルに必要なのは、料金が安い高いではなく、快適なひとときを提供できるかどうかだという、内田社長の先見性がもたらしたものと言える。

「強く確信していたとはいえ、このホテルの成功は私にとって大きな自信となりました。それとともに、この時から父親を『ライバルの経営者』と意識するようになりました」

世界で初めて開発した熟成解凍技術

ホテルが完成する前から、内田社長は米吾の将来について強い不安感を抱いていた。列車ダイヤのスピード化によって駅構内の売り上げは減少しており、地域内だけで販売する仕出し料理では経営を支えていくことが難しくなっていた。それ以上に、内田社長の危惧を募らせたのは、会社に夢がなくなっていたことだ。

駅弁や仕出し料理を商品とする米吾の労働環境は厳しかった。例えば、朝八時に駅弁を納めるためには、真夜中の一、二時ごろから作業を始めなければならない。眠たい目をこすりながら、黙々と作業を続けなければならないのだ。そんな会社に若い人たちは勤めようとはしなかった。だから、米吾の工場の社員は高齢の人たちばかりで、平均年齢は六十歳を超えていた。

素材・健康・品質にこだわった吾左衛門鮓は多くのファンから愛されている。(写真提供:米吾)

「社員が夢を持つためには、まず私が夢を抱かなくてはだめです。私の夢は何か。それは、米子という地方の小さな都市であっても、全国に、さらには世界に通じるブランドを作り上げることです。夢を実現するためには戦う武器が必要です。その武器こそ、計画生産なのです」

繁忙に追われるのではなく計画的に作っておけば、深夜作業がなくなり、労働環境も改善され、若い人たちも勤めてくれるようになる。そう考えたのだ。食品を計画生産するためには、冷解凍することが必要だった。しかし、冷凍する技術はあっても、一度に大量の食品を解凍する技術は世界中にもなかった。冷凍機メーカーに相談しても、「できっこないよ」という言葉が返ってくるばかりだった。

それでも内田社長は諦めなかった。必ずできると信じていた。それ以上に、大消費地から遠い米吾が全国ブランドになるためには、必ず実現しなければならないと考えたのだ。

試行錯誤を繰り返して、熟成解凍という新技術が開発されたのは四年後であった。これは一万個の弁当でも一度に解凍できるもので、一個のむらもなく、味は作り立てと同じである。これは世界にもない技術で、すでに特許も取得している。

その四年間、内田社長は悩み続けた。研究開発は思ったように進展せず、「自分は何をやっているのか」と疑心暗鬼になったのもたびたびだった。「自分の我を通すためだけではないか」と悩む日も多かった。それでも頑張りきれたのは、米吾ブランドを全国に知らしめたいという思いからだった。

世界に通じるブランドづくり

新技術で装置は完成したが、内田社長には充実感はなかった。新技術を使った商品をマーケットで売っていく責任があるからだ。内田社長はさっそく、熟成解凍された吾左衛門鮓を持って東京の一流店を訪れた。しかし、返ってきた言葉は「どこにでもあるすしだね」という冷たいものだった。

「ショックでしたが、勉強になりました。どんなに美味しいすしでも、ブランド力がなければ売れないということです。では、ブランドとはなんだろうか。それを考えながら、私はデパートの地下にある食品コーナーなどを歩き続けました」

そこで得たのは、商品にストーリー性を持たせるとともに、定番化することだった。そのために、内田社長は吾左衛門鮓の味を少しずつ変えるとともに、サバやカニ以外にもタイやマスなどの吾左衛門鮓を開発し、商品群を充実させていった。つまり、商品のブランドを高め、商品群を拡大し、それによって米吾というコーポレートブランドを構築していったのだ。

一方、吾左衛門鮓を普及させるために、宣伝活動の媒体としてマスメディアを重視した。それも、購買層をきちんと設定し、その人たちがファンになってくれるような宣伝活動を展開した。例えば、東京歌舞伎座ではまず試食販売を実施してファンをつかみ、それによって歌舞伎座からの引き合いをもらうことができた。

「熟成解凍技術を使えば、大消費地である東京で解凍し、本当に美味しいものを味わってもらうこともできます。その意味では、地方で本当に良いものを作っている企業に新しいビジネスモデルを提供できますし、それで社会に貢献できればうれしいですね」

熟成解凍という画期的な技術を開発し、食品業界に大きなインパクトを与えた内田社長。本社があるホテルの前に立つ姿からは、世界をマーケットに夢を実現しようという経営者の夢が伝わってくる。

株式会社米吾　http://www.komego.co.jp/
資本金：1,000万円　従業員数：116名　売上高（直近年度）：18億円

自分を鼓舞《こぶ》しながらものづくりを追求する

株式会社ビックツール
社長
新井 高一
（鳥取県日吉津《ひえづ》村）

自分でオートバイを作りたい

モータリゼーションの本格的な到来に着目し、ものづくりへの思いを大切にしながら、成長していた自動車整備事業からあえて方向を転換し、新たに自動車の製造・修理に役立つ工具の開発に取り組んだのが株式会社ビックツールの新井高一社長である。

新井社長が生まれたのは一九四一（昭和十六）年。生まれたのは和歌山県であったが、家庭の事情ですぐに鳥取県中山町（現在は大山《だいせん》町）に移り住み、そこで育った。

中学生の時、新井社長は学校から帰ると、すぐに自転車を押して山に登り、伐採してある木を自転車の荷台に載せて家まで運んでいた。中学生の少年にとって、それはつらい作業だった。道は平坦ではなかったし、木の重みで自転車はふらついた。しかも、それを毎日繰り返した。友だちと一緒に遊ぶこともほとんどなかった。しかし、寂しく感じたこともなかった。病気がちの父親を抱えて苦労している母親を少しでも楽にしてあげたいという気持ちが、少年の心を満たしていたからだ。

自転車で木を運ぶのは重労働だった。少しでも楽にするにはどうしたらいいだろうか。そのことを新井社長はいつも考えるようになった。漠然と浮かんできたのが、自転車にエンジンを付けて自動で動かすことだった。今でいうオートバイである。

「よし。それなら、自分でそれを開発しよう。そう思ったのです。それが私のものづくりの原点ですわ」

中学校を卒業すると、新井社長は親戚の紹介で大阪にある自動車関連の会社に勤めるようになった。経済的な事情で働かざるを得なかったこともあるが、それ以上にオートバイを自分で作りたいという気持ちが強かった。

「大阪に行く時は夜行列車で、床に新聞紙を敷いて、その上で横になっていました。長い列車の旅で、ほとんど眠れませんでした。それでも、なにくそオートバイを作ってやると自分に言い聞かせていましたから、つらいとは感じませんでしたね」

勤めたのは自動車のボディーを作る会社で、新井社長は夜間高校に通いながら、住み込みで働いた。その当時のボディーは手作りで、新井社長は毎日、昼間の勤務のほかに下校してからも働き、その技術をほぼ一年で取得した。

十七歳で自動車部品の会社を創業

仕事を続けながら新井社長は、自分で会社をつくらないと自分のものづくりはできないと考えるようになった。そこで、堺市に自動車のパネルやフェンダーを製造する新井自動車工業を創業した。まだ十七歳だった。

当然、十分な資金などなかった。融資を受けるために銀行に行き、「オートバイを開発したいんだ。日本一の自動車会社にしたいんだ」と、自分の思いを訴えた。こうして得た二千万円をもとに事業をスタートさせ、二十四歳までに二つの工場を持つまでに成長させた。

その間、大きなショックが新井社長を襲った。ある車両メーカーがスーパーカブを開発し、大ヒットとなったのである。それは新井社長が長年にわたって開発を夢見てきたオートバイだった。

「その時はしまったと思い、悔しくてなりませんでしたわ。これで私の人生は変わってしまいました。でも、その時に学んだのは、ものづくりには遭遇があるということです。発想や人、商品との遭遇があって、初めてヒット作になるということです」

追い討ちを掛けるように、新井社長に「不幸」が襲ってきた。二十五歳になると、母親が交通事故でこの世を去り、さらに連帯保証人になっていた関係で、八千万円の借金を背負い込んだのである。

出来る、出来る、必ず出来る

新井社長は、まさに寝食を忘れて働き、わずか四年で八千万円を返済した。それとともに、鳥取県倉吉市に太平自動車工業を設立し、兄弟で自動車の整備を始めた。

この時、新井社長が着目したのはモータリゼーションの本格的な到来だった。自動車が普及してくると、自動車の接触事故なども多発し、修理や整備のニーズが急増すると考えたのである。そこで、自動車のサービス業を展開しようと決断したのだった。

新井高一氏（撮影：白根俊彦）

それは自動車社会のニーズを的確にとらえ、太平自動車工業は急速に事業を拡大していった。倉吉市からスタートし、一気に沖縄にまで進出していったのだ。

「私は二十五歳で奈落《ならく》の底に落ちましたが、決してあきらめませんでした。人生には必ず失敗はありますよ。会社が順風満帆に成長するなんて、ありえません。失敗したときに、負けるものかと立ち上がることが大切です」
ビックツールの応接室にはこんな言葉が額入りで飾ってある。

出来る、出来る、必ず出来る。
やる気があれば、必ず出来る。
出来ないと思えば出来ない。
出来ないと考えず、出来ると信じ、
永遠に自分を追求したい。
出来る、出来る、必ず出来る。

この言葉を見つめていると、汗まみれになって働く新井社長の姿が浮かんでくる。

もう一度自分のものづくりを

兄弟で経営する太平自動車工業が順調に成長するなかで、新井社長はもう一度ものづくりに取り組みたいと強く思うようになった。中学時代からの「夢」は決して消えていなかったのである。
新井社長はすべての工場を弟たちに譲り、自分は妻から三百万円を借りて、一九八〇（昭和五十五）年にビックツールを創業した。わざわざ資本金を借りたのは、これまでとは別の会社を創業することを自分自身に言い聞かせるためだった。

ビックツールと命名したのは、ダイナミックにツール（工具）を作ろうという思いからだった。これまでの自動車整備そのものよりも、現場の知識を生かしながら独自の工具などを工場に提供していきたいと考えたのである。

ビックツールの最初の大ヒット作となったのは「ローケン」というスポットカッターの研磨機である。

昔と違って今の自動車は一つのボディーで出来ており、修理が必要な場合は全体を取り替えている。そのためボディーはスポット溶接で留められており、特殊なカッターで外すしかなかった。それがスポットカッターであるが、数十回使うと先端が摩滅し、捨てるしかなかった。そこで開発したのがカッターを研磨する「ローケン」である。

「そんなことできるわけがないと思われてい

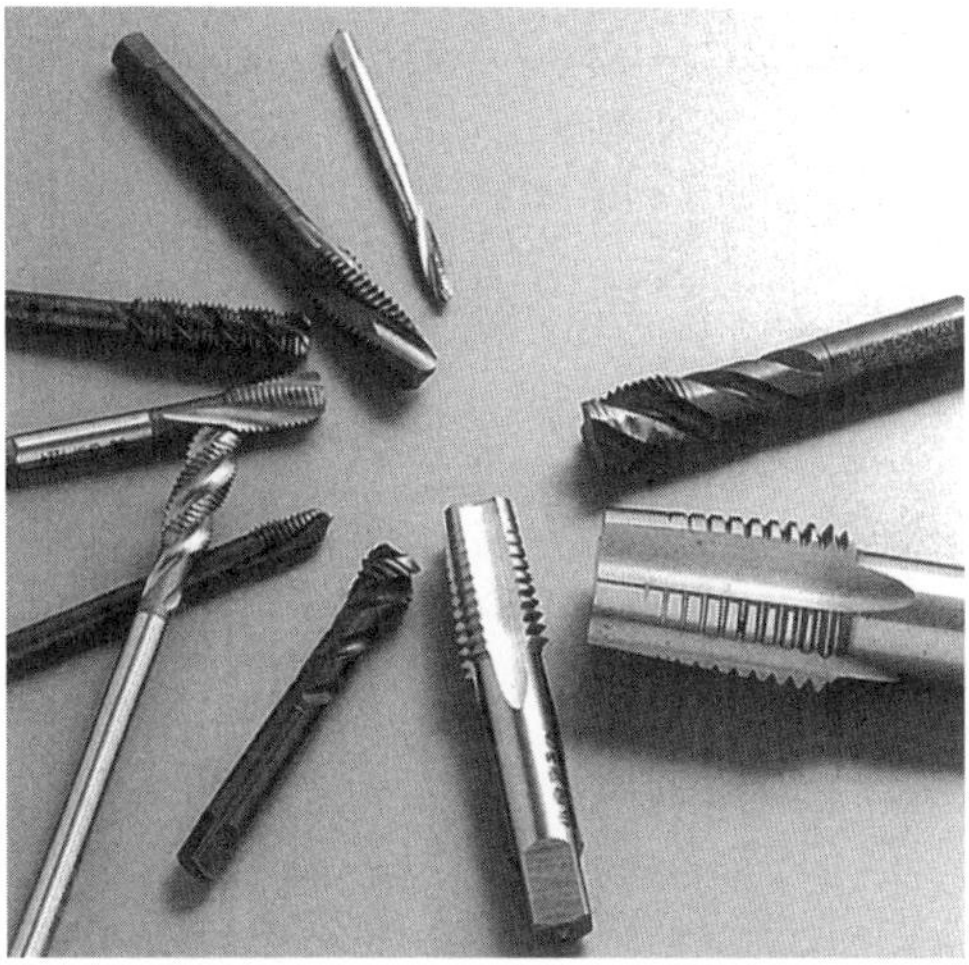

独自の技術で再生したタップ（撮影：白根俊彦）

たことをビックツールが実現したものですから、あっという間に普及していきました。それが基盤となって、さまざまなヒット製品が生まれてきました」

これまで開発した製品には、自動車塗装の際に作業スペース全体を巨大なブースで覆《おお》い、静電気の発生を抑えて空気中のゴミが車体に付着するのを防ぐ「イオンシャワーブース」や、ドリルの刃の切れ味を良くする全自動の研削機器などがある。

自分の不甲斐なさに怒る

こうした機器は、自動車の製造現場や整備工場などで幅広く使われており、ビックツールの名を広く知らしめてきた。しかし、新井社長は不満だった。

「自分がどれほどのことをしてきたかを考えると、不甲斐なさに怒りさえ覚えます」

新井社長は毎日朝早く起き、ウオーキングを欠かさない。道を歩きながら、「自分の会社はこんなものではない。しっかりしろ」と、自分を鼓舞しているという。

そんな新井社長が「人生の一大勝負」として取り組んでいるのがタップの再生事業である。タップは細長い金属の棒にらせん状の溝を刻み込んだもので、ねじ穴を切る切削工具として幅広い業種で使われている。しかし、切れ味が悪くなるとすぐに捨てられており、そのためにアジアと日本だけでも月間一千万本が製造されているという。

ビックツールは数年前からタップに着目し、研究開発を重ねて使用後のタップを研磨する独自の機械を開発した。

するると、複数のメーカーから機械を売らないかと声を掛けられた。しかし、ある会合で新産業・ニュービジネスの創出などに取り組んでいる中国地域ニュービジネス協議会のアドバイザーから「独自性のある技術だから、売っては駄目だよ」という言葉を得て、新井社長はタップの再生そのものを事業とすることを決断した。

「これも遭遇の賜物《たまもの》です。あのアドバイスがなければ、機械を売って終わりだったと思います」

このタップ再生についてはすでに特許も取得しており、新会社を設立して本格的に事業展開を図っていく計画だ。

中学生の時から抱き続けたものづくりへの思い。それを実現するために、まさに波瀾万丈の人生を送ってきた新井社長。社屋から大山《だいせん》を仰ぎ見る新井社長の目からは、新たな挑戦に燃える企業家魂が伝わってくる。

株式会社ビックツール　http://www.bictool.com/
資本金：1,600万円　従業員数：45名　売上高（直近年度）：10億円

感謝と恩返しの気持ちこそが事業を支える

環境グループ
代表
河本《かわもと》 弘文
（鳥取県米子市）

自分には独立の道しかない

他社が手がけていない排水の水質管理で環境ビジネスを拡大するとともに、愛すべきペットのために漢方食材を使った良質なペットフードを提供しているのが環境グループの河本弘文代表である。

河本代表は一九三九（昭和十四）年に米子市で生まれた。家は農家で、六人兄弟の四番目だった。高校を卒業すると地元のダンボール工場で働き、その後建材関係を扱う地元企業に就職した。建材を扱っているため、建設業を中心にさまざまな分野の人たちと一緒に仕事をし、交友を深めていった。河本代表はそこで築き上げてきた人脈を活かし、また周りの人たちにも支えられながら着実に業績を伸ばし、若くして常務になった。

そんな時だった。ある思いが河本代表の脳裏をかすめた。

「先輩たちを見ていると、定年後はしょんぼりしているんですね。私も十数年後には定年を迎えるのですが、そうはなりたくないと思いました。ではどうするか。考え続けた結果、私が選んだのは会社を退職して独立することでした」

しかし、現在の自分があるのは今の会社があってこそということもよく分かっていた。それでも、自分には独立の道しかないと決意した。こうして河本代表と従業員二人の環境プラント工業株式会社が誕生した。

他社が手がけない仕事を受注

河本代表は独立する前から一つの経営方針を決めていた。それは、これまでお世話になった会社と同じ仕事はしないということだった。そこで着目したのが水処理関係の仕事だった。当時は、公共下水道や集落排水などの普及とともに、排水の水質管理が強く求められてきた。河本代表はそこに新しい事業の可能性を見出したのである。

しかし、すでに水処理関係の事業を展開している企業も多かった。いくら市場の成長性が見込めるとはいっても、創業したばかりの小さな会社がすんなり事業を始められるものではない。そんな時、前の会社で恩義のある方が「うちのマンションの下水管理をやらないか」と声を掛けてくれた。その言葉を聞いた時、「エッ」と声を上げた。考えてもいなかった意外な言葉だった。それとともに、思わず瞼《まぶた》が熱くなってきた。

長年にわたって多大な恩を受けながら、あえて独立の道を選択した自分である。そんな自分を今でも気にかけてくれる。そのことが嬉しかった。と同時に、握り締めた拳《こぶし》にぐっと力が加わった。

「前の会社で恩義のある方がわざわざ私に仕事を発注してくれました。人の世の温かさを実感しました。この恩を返すためにも一生懸命仕事をしようと決意したのです」

約三十年前のことを思い出しながら、河本代表はほんの少し空《くう》を仰いだ。その表情からは深い感謝の気持ちが伝わってくる。

マンションの下水管理をしながら、河本代表は水処理関係の仕事を探し続けた。しかし、なかなか仕事は受注できなかった。水処理は受注業務であり、施設の管理者から信頼されることが何よりも必要である。実績が大きなポイントになるのだ。では、創業したばかりの小さな会社が仕事を受注するにはどうすればよいか。河本代表は悩んだ。

「そこで得た結論は、技術的にも高度で、他の会社が手がけない仕事を積極的に受注することです。いわばニッチで、なかなか参入できない業務をターゲットにしたのです」

といっても、環境プラント工業に他社を圧倒するような高度な知識や技術はなかった。そこで、河本代表自ら現場に足を運び、泥だらけになりながら施設の問題点を明らかにするとともに、神戸や広島にある水処理施設のメーカーにも行って技術者と一緒に議論し、問題点を確実に解決していった。

休日もないような働きぶりは河本代表の体に大きな負荷を与えていた。創業から一年半後、肺炎を患うとともに、疲れから目にも異常が生じた。それでも会社を休むことはできないため、通院しながら肺炎の治療を受けた。しかし、目の異常はどうすることもできず、結果的に片方の目はほとんど光を失ってしまった。

世界トップクラスの技術で安全と信頼を確保

河本弘文氏（撮影：白根俊彦）

こうした努力は着実な実績となり、環境プラント工業は事業を拡大していった。それとともに、世界的にも高い技術を積極的に導入した。特に、鳥取県西部広域行政管理組合からは一般不燃物最終処分場の委託業務を受託した。最終処分場の業務を民間企業に委託したのは全国でも初めてで、操業開始とともに全国からの視察が相次いだ。

「こうした処理施設には世界的にもトップクラスの技術を導入しており、そのためにゴミ処理や水処理の先進国であるドイツには頻繁《ひんぱん》に足を運び、常に最新の情報を得るようにしています」

例えば、さきほどの一般不燃物最終処分場では日本で初めて逆浸透膜の技術を導入した。最終処分場では焼却灰や不燃残さが埋め立てられており、無機塩類や難分解性有機物の比率が高い。そこで導入したのが逆浸透膜を使った水処理である。これまでの水処理は生物処理が中心であったが、逆浸透膜は膜を通すことで無機塩類や難分解性有機物などを処理するものだ。したがって、処理した水は超純水と同等な水質を保っている。

そうした企業の姿勢を支えているのは「やらねばならない」という気持ちだ。ゴミ処理施設などは住民からすれば「迷惑施設」と思われがちである。だからこそ、常に最高の技術を導入して安全性を高め、信頼を得ることが必要なのだ。

愛すべきペットの健康が乱れている

河本代表は幼いころから動物好きであった。農業を営んでいた家には常に犬がおり、河本代表は犬の生死を通じて世の中の多くのことを学んできた。また、創業時の苦闘の中で自分を支えてくれたのも犬だった。そんなこともあって、日本警察犬協会のシェパード歴代チャンピオンも数多く育ててきた。シェパードは河本代表の人生にとって不可欠な存在となっていた。自宅で二十頭を超えるジャーマン・シェパードを育てているが、生まれてくる純血種のシェパードを売ったことは一度もない。大事に育てたいという人、それができる環境にある人にだけ幼犬を譲っている。

しかし、ペットには大きな問題があった。下痢をしたり、病気にかかったり、最後はガンでなくなるペットが非常に多いのだ。

「どうしてだろうか。それを考えていくと、ペットフードに問題があるのではないかと思ったのです」

実際、市販されているペットフードを調べてみると、原材料が明記されていないものが多いことに驚かされた。自分たちはペットと暮らすことによって心を癒《い》やされている。それならば、ペットが健康に暮らせるようなフードを与えることは自分たちの責務ではないか。河本代表はそう考えたのだった。それはペットへの恩返しでもある。

そこで河本代表は自ら良質なフードを作ろうと決意した。自然の中では犬や猫はウサギや小鳥といった小動物を食べている。そこで小動物の肉や穀物などを使ってペットフードを作ってみた。すると、利用者から毛の艶《つや》が良くなった、皮膚病が治ったといった声が寄せられた。

漢方食材で自然治癒力を高める

さらに、河本代表が着目したのは、生き物に有用な漢方食材を取り入れて、ペットが本来もっている自然治癒力を目覚めさせることだった。そこで、漢方の本場である中国に渡り、リサーチを重ねた。その結果、吉林省の長春農牧大学動物科技学院（現吉林大学畜産獣医学院）が漢方を研究しており、同時に日本の北里大学獣医畜産学部とも交流していることを知った。

河本代表はさっそく長春農牧大学動物科技学院を訪れ、自分の思いを熱く語った。その熱意が通じて、共同で新しいペットフードを研究開発することになった。こうして開発されたペットフードが「ワンフー」である。

ワンフーの原材料は、健康なウサギと鳥の肉、低農薬で栽培した野菜と米、そして薬膳などの漢方治療に使われ自然治癒力を高めると言われる中国ハーブである。人工の保存料、着色料、抗生物質、酸化防止剤、遺伝子組み換え作物は一切使っていない。さらに、原材料名を明記するだけでなく、商品の安全性を確保するために第三者機関による検査なども行っている。

店頭販売からネット販売に切り替える

ワンフーを開発することはできたが、それをどう販売するかは大きな課題であった。多くの人がペットフードを購入しているのはスーパーマーケットやホームセンターなどである。そこで、河本社長はさっそくスーパーマーケットなどに足を運び、扱う商品を決定するバイヤーにワンフーのメリットを訴えた。バイヤーのもとには全国からたくさんの商品が持ち込まれており、河本代表がいくら熱弁を奮ってもけんもほろろだった。それでも人脈もフルに生かして働きかけ、何とか店舗に並べてもらうことができた。

しかし、そこで大きな問題が生じた。ワンフーにはもちろん賞味期限があるが、スーパーマーケットなどから期限切れの六カ月前には値下げか引き揚げを求められたのだ。

漢方食材を用いたペットフード「ワンフー」（撮影：白根俊彦）

「ワンフーには安全性を確保するために防腐剤は入れていませんし、他のペットフードに比べて原材料費は非常に高くなっています。したがって、値下げや引き揚げはとてもできないことでした」

そこで河本代表が決断したのはスーパーマーケットなどから撤退し、ネット販売に切り替えることだった。ネット販売を行うためには、積極的に市場を開拓することが必要だ。そこで河本代表はペット愛好者を招いてホテルでプロモーション活動や勉強会などを継続的に行った。

その結果、ワンフーを利用するペット愛好者が着実に増加するとともに、口コミによってワンフーを利用する愛好者の輪が広がっていった。「ワンフーはいいよ。食べさせてごらん」といった会話が愛好者たちの間で頻繁に交わされるようになったり、現在では北海道から沖縄までワンフーの愛好者がいるまでになった。

現在、ワンフーは境港市にある工場で製造されている。出来立ての新鮮なワンフーをできるだけ早くお客さまに届けるためだ。その一方で、中国では引き続き漢方食材を使った新商品の開発に取り組んでいる。

地元企業として、鳥取県から安全なペットフード「ワンフーブランド」を世界に発信すること。それが河本代表の夢である。

高齢化が進む地域にも恩返しをしたい

一九九九（平成十一）年、河本代表は社会福祉法人ソウウェルよどえを設立し、妻木晩田《むきばんだ》遺跡で有名な米子市淀江町に特別養護老人ホームいずみの苑を建設した。

「一般不燃物最終処分場建設にご理解いただき、快諾してくださった住民の皆さんに少しでも恩返しをしたい。高齢化が進むなか、介護が必要になっても住み慣れた地元で生活できる場所が必要だと思いました」

いずみの苑は現在、利用者のニーズに合わせて高齢者向け優良賃貸住宅、ケアハウス、デイサービスといった施設で構成されているが、建設にあたっては、広々とした敷地の中で、地の物を食べ、温泉につかってゆったりと過ごしてもらうことを理念とした。そのため、温泉を掘り、すべての施設で利用できるようにしている。

理事長でもある河本代表は毎日施設に足を運び、入居者や職員たちに声をかけている。その表情は、感謝の気持ちであろうか、柔らかさに満ちている。

さらに、掘った温泉の豊富な湧出《ゆうしゅつ》量を生かし、入居者のみならず一般の人にも広く利用してもらいたいと、二〇〇二（平成十四）年には温浴施設「ラピスパ」を建設した。南欧をイメージした「かけ流し型」天然温泉は幅広い年代層に人気である。

こうした施設は、山陰自動車道淀江インターチェンジを下りてすぐ、大山《だいせん》の麓《ふもと》の豊かな自然のなかに建っており、目の前には四季折々の美しさが楽しめる大山の峰が広がる。その姿を見上げる河本代表の表情は、まるで五月晴れの空のようにさわやかであった。

環境グループ　http://www.wanfoo.co.jp/　http://www.rapispa.com/index.htm
従業員数：100名　売上高（直近年度）：15億円

「見せる農業」で消費者の信頼を得る

農事組合法人松永牧場
代表
松永　和平
（島根県益田市）

個人を尊重する、新しい農業経営

常に経営計画を策定し目標を管理することで農業法人としての信頼を高めるとともに、徹底した情報公開で消費者の信頼を確保し、牧場肉のブランドを全国にまで広めているのが農事組合法人松永牧場の松永和平代表である。

松永代表は一九五四（昭和二十九）年に島根県美都町（現在は益田市）で生まれた。生まれてすぐに岩手県に移り住んだが、一九五九（昭和三十四）年には益田市に帰郷した。

牛を飼育している父親の姿は幼いころから目にしていた。しかし、それを継ごうとは決して思わなかった。畜産業を継いだとしても、父親がいる限り、父親の指示に従わなければならなかったからだ。だから、中学生のころから、あこがれの職業は銀行員だった。

その夢を実現するために、浜田市内の商業高校に進学し、卒業とともに大手都市銀行に入行した。しかし、大阪での三カ月の研修がまもなく終了しようとする時、松永代表の手には退職願いがあった。

地中からはい出るアリの大群のように、一日の勤めを終えた会社員がうつむきながら帰路についていた。松永代表はビルの窓からその光景をじっと見下ろしていて、思わず、背中に悪寒《おかん》が走った。これから四十年近く、自分もこの人たちと同じような生活を送っていくのか。そう思うと、たまらなくなってきた。

と同時に、三カ月前まで一緒に暮らしていた父親の姿が浮かんできた。父親は、戦時中には開拓の夢を求めて中国大陸に渡り、敗戦後は最後の引き揚げ船で日本に帰還した。その数年後には、妻と生まれたばかりの自分を連れ、牛の飼育を学ぶために岩手県に移住。再び帰郷後も、兼業農家として牛の飼育に勤《いそ》しんでいた。

その父親が交通事故に遭《あ》ったのは数日前だった。その知らせを聞いてすぐに帰郷すると、意外な言葉が返ってきた。

「会社方式で農業をやろうと思う」

父の言葉を耳にして、思わず胸がわくわくしてきた。会社方式の農業、新しい農業経営。それは厳しい挑戦であるかもしれないが、計り知れない可能性に満ちていた。

「大群の中のアリになるのか、それとも新しい農業経営に挑戦するのか。ビルの一室から会社員の姿を見つめていた時、私はその選択を迫られているように思いました。結果は新しい農業経営でした。私はすぐ退職願いを提出し、生まれ故郷に帰りました」

山の中腹に牛舎が連なる広大な牧場。その一角にある事務棟の応接室で松永代表は語った。

「決してその銀行が自分に合わなかったのではなく、抱いていた都会のイメージと現実が大きく違っていたのでしょうね」

益田市に帰った松永代表は、牛の飼育をしながら父親と新しい農業経営を話し合った。これまでの農業形態は個人を尊重していなかった。休日はきちんと決まっていないし、毎月の給料も明確に決まっているわけではなかった。だから、農家を継ごうという若者は少なく、それが農業停滞の大きな要因ともなっていた。

そうではなく、個人を尊重する農業に転換しようというのだ。それは、松永代表にとって非常に魅力的であった。

社員の若返りで経営の近代化

父親の言葉どおり、松永代表が帰郷した一九七三（昭和四十八）年には農事組合法人という「会社組織」となった。しかし、その実態は松永代表が描いていたものとは異なっていた。父親は「俺が年老いたらお前が好きにやれば良い」といつも口にしながら、現実は旧態依然のままだったのだ。

松永代表は嫌気がさして、何度も辞めてしまえと思ったという。それでも、思い直してひたすら作業に励んだのは、自分で新しい農業経営という夢を実現するためだった。

松永代表が牧場の経営を任せられたのは一九八四（昭和五十九）年のことである。牧場に帰ってから十年以上の歳月が過ぎていた。代表になってすぐに取り組んだのは経営の近代化で、まず社員の若返りを図った。

それまでは定年退職者を採用していたが、それでは農業の機械化に十分対応することはできなかった。日本の農業もスコップやフォークの農業からトラクターやコンバインの農業へと変化しており、それに応えるためには若い人たちの技術と力が必要だと判断したのだ。そこで、休日を保証し社会保険制度も整え、少しずつ若い人たちを採用していった。

松永和平氏（撮影：尾崎裕一郎）

「働く環境を整備することによって若い人たちを採用し、それで会社の体質も変えようと考えたのです。しかし、その当時は勤めてくれる若者は少なく、友人を頼ってお願いに回りました。その状況が大きく変わったのは平成になってからで、現在では全国から入社してくれます。若者たちの食に対する関心が高まっているからだと思いますよ」

営業力の弱さをOEMでカバー

若い人たちの採用とともに、たい肥の販売にも取り組んだ。牛を飼育すると、当然たい肥が発生してくる。これまでは、たい肥を使って新しい牧場を造成していたが、すぐにたい肥が余ってしまい、その処理が大きな課題となっていた。東日本でたい肥を販売していることを知った松永代表は早速視察し、たい肥を売ってメリットを得ようと考えた。

「しかし、すぐには売れませんでした。そこで、まずは使ってもらおうと無償で貸与し、良い成果が得られると、取引を開始するようにしました。そのために、ずいぶん駆け回りましたよ」

松永代表は、その当時を思い出したかのように、笑いながら語った。

たい肥の商品化。それがビジネスとなったのは緑化資材として使われるようになってからだ。道路などでは豪雨で土砂が崩れ落ちないように法面《のりめん》に草が生えるようにしているが、早く草を生やすために緑化資材を法面に吹き付けている。その緑化資材として牛のたい肥は効果的であることが分かったのだ。

「市場は見つかりましたが、そこで冷静に考えてみました。自分たちで緑化資材を製造し販売すれば、確かに最初は売れます。しかし、すぐに価格競争になってしまい、営業力の弱い私たちの利益は減少してしまいます。それを防ぐにはどうするか。そこで考えたのが、緑化資材メーカーが作った袋に松永牧場のたい肥を入れ、メーカーのオリジナル製品として納品するということでした」

松永牧場がオリジナルな製品を開発しても、結果的には価格競争に巻き込まれ、利益は減少してしまう。そうではなく、あくまでも緑化資材メーカーのたい肥として製造すれば、営業に駆け回ることも不要になるし、利益も安定する。いわばOEM（相手先ブランド供給）によって、営業力の弱さをカバーしたのである。

たい肥を混ぜた緑化資材は国営開発農地の整備や萩・石見空港の建設などに使われ、牧場の規模拡大に大きく貢献した。

ピンチの時にこそ頭数を増やす

代表になる頃から日本の肉牛の事業環境は大きく変わろうとしていた。牛肉の輸入自由化が始まろうとしていたのだ。

松永牧場も、それまでは肉が増えやすいホルスタイン牛が中心であったが、安価な米国産牛肉に対抗するためには肉質で勝負するしかなかった。そこで和牛や交雑種に絞り込んでいった。交雑種とは、和牛（黒毛和種）とホルスタインの交配で生まれた子で、肉質が非常に優れているという和牛の特徴と、成長が速く生産コストが安いというホルスタイン牛の特徴を共有している。

「また、繁殖からの一貫体制も構築しました。それも繁殖牛舎と肥育牛舎の場所を完全に分けて、それぞれが責任を持って業務を行うようにしたのです。この完全分業は米国の農場では一般的ですが、これを導入することによってコスト対応力を急速に高めることができ、それが成長のエンジンになりました」

牛肉の輸入自由化による影響が強く危惧《きぐ》される中、松永代表は大幅な増頭を図った。たとえ価格が一時的に暴落しても、いずれは上がるのであり、その時に利益を伸ばすためにも頭数を増やしておこうと考えたのだ。まさにピンチの時がチャンスなのである。それは二〇〇一（平成十三）年に発生したＢＳＥ（牛海綿状脳症）の時もそうだ。松永代表の言葉を借りれば、価格の高い時はじっとして、安い時に思い切って増やす。そのサイクルを読むことが必要だそうだ。

松永代表が就任した一九八四（昭和五十九）年の頭数は七百三十九であったが、牛肉の自由化が始まった一九九一（平成三）年には九百五十頭に、日本でＢＳＥが発生した年には二千六百四十五頭にまで増えている。その後も頭数を増やし、現在では五千頭を超えるまでになっている。

「ウシのパスポート」で信頼を得る

このように松永牧場は急速に頭数を増やしているが、しかし、価格が暴落すれば資金調達も難しくなってくる。それを克服するために、松永代表は金融機関との密接な関係を築いている。それも銀行や信用組合といった市中の金融機関である。

清潔に管理されている繁殖牛の牛舎（写真提供：松永牧場）

「一般的な金融機関から融資を受けるためには、きちんとした経営計画と実績が必要です。そのために、常に経営計画を策定して目標を達成するようにしています。計画に基づいた経営を継続していけば、農業法人であろうとも一般的な金融機関から融資を受けることができるのです」

こうした経営マネジメントとともに松永代表が重視しているのが情報の「公開」である。日本でBSEが発生した時、松永代表は自分たちにできることは何かを考えた。その結果、テーマとして浮かんできたのが、徹底的にデータを管理し、それを第三者に認証してもらうことによって、消費者や地域、金融機関などの信頼を得ることだった。

そのために、ＢＳＥ発生の二年後にはＩＳＯ１４００１を取得した。ＩＳＯ１４００１は環境に関する国際標準化規格で、日本の畜産業界では二番目の取得だった。また、その翌年には生産情報公表牛肉ＪＡＳの認証も受けた。生産情報公表牛肉ＪＡＳは、牛が生まれてから出荷されるまでに与えられた餌《えさ》や薬剤などのすべての情報を公表するもので、実際に出荷している畜産法人としては全国で二番目の取得だった。

牧場から出荷するすべての牛に生産履歴のわかる「ウシのパスポート」を添付し、牧場のホームページで個体番号を入力すると生産情報が閲覧できるようにした。これによって情報の信頼度をさらにアップさせている。

「これからの牛肉はブランド志向から産地志向に変わっていくと思いますし、実際、生産情報公表牛肉ＪＡＳ牛の出荷量は着実に増加しています。その意味で、ＪＡＳ牛を安定して出荷できる産地を目指したいと思います」

松永牧場は毎年七月、地元の小学校跡地で「牛肉まつり」を開催している。それは、地元の人たちへの感謝の気持ちと、自分たちが育てている牛肉の安全性を伝えようという思いからだ。

地区の人口はわずか四百人であるが、会場には約千五百人が集まり、牛肉のいろいろな食べ方を楽しんでいる。

農業には異業種参入が不可欠

松永牧場は、益田市で製材業を営む安野産業株式会社などと共同出資して農業生産法人株式会社メイプル牧場を設立し、二〇〇七（平成十九）年から大規模な酪農を開始した。常に一千頭の搾乳牛《さくにゅう》を飼育。搾乳量は一日三十トンで、全国でもベストテンに入る規模である。

「農業政策は変わり、大規模化を図らなければ生き残れない時代を迎えました。そのためには、株式会社も含めた異業種の参入が不可欠です。農家だけが農業をやるのではなく、いろいろなノウハウを持っている他業種と一緒に農業をやっていけば、日本の農業には高い可能性があると確信しています」

メイプルには地元の獣医四人も経営参加しており、まさに異業種で構成される法人だ。

夕日が日本海に沈みかけ、周りが夕闇に包まれるころになると、一日の作業を終えた社員たちが事務棟の二階に集まってくる。そして、個々人のパソコンの前に座ると、与えた餌や投与した薬剤の種類・量などを細かく入力していく。

そのディスプレーを背中越しに見つめる松永代表の目。そこには、信頼を築くために、「見せる農業」を徹底していこうという気概が満ちていた。

農事組合法人松永牧場　http://www.iwami.or.jp/matunaga/
資本金：1,194万円　構成員：3戸5名

高い技術力で世にないものを創り出す

エステック株式会社
社長
永島　正嗣
（島根県東出雲町）

ぬるま湯体質が我慢できなかった

チャレンジ精神で自らの技術力を高め、試料調製機製造分野で画期的な製品を開発するとともに、世界初のタンパク質結晶化システムを開発しているのがエステック株式会社の永島正嗣社長である。

永島社長は一九四九（昭和二十四）年に東出雲町で生まれた。父親は地元で運送業を営んでいた。中学校を卒業すると、地元の県立工業高校に進学した。その当時、日本は高度経済成長を続け、「工業立国」といった言葉が新聞の紙面をにぎわせていた。それは日本の工業が飛躍的に躍進した時代でもあった。

そうした時代の風の中で、永島社長は疑うこともなく、工業高校の機械科に進学し、ものづくりの世界に飛び込んでいった。

高校を卒業すると、永島社長は地元の大手農機メーカーに就職し、バインダーやトラクターなどの設計を担当した。しかし、会社の社風は永島社長には合わなかった。

「業績が不振でありながら、がむしゃらに挑戦しようとするわけでもないし、給料も少ない。とにかく、じっと我慢して会社の机に座っておれば、それで満足だという雰囲気が蔓延《えん》していました。私はそれを我慢できませんでした」

永島社長は入社時から、人とは違う、人より優《まさ》る才能があると自信に満ちあふれていた。それを認めてもらうためには、新しいことに挑戦するチャンスが欲しかった。しかし、会社にはそんなチャンスが生まれてくる気風はなかった。

どうするか。その時、永島社長が選択したのは退職だった。会社に魅力を感じないまま、ぬるま湯につかることが耐えられなかったのだ。

幸福の女神に後ろ髪はない

大手農機メーカーを退職した永島社長は、地元の別会社に再就職し、機械設計を担当した。その会社は、近くにある大手金属メーカーの設備の修理などを受注しており、社員数も十人に満たない小さな会社だった。

永島社長が、会社の技術者仲間から会社を辞めたいと相談されたのはエステックの創業三カ月前だった。それまで会社を辞めて独立しようと考えたことはなかったが、仲間から相談を受けて、自分の技術力を試してみたいという気持ちが強くなった。

「ビジネスは勢いですよ。創業してからの計画などありませんでした。計画がきちんと決まらないと動き出さないというのは嫌いなんですね。だから、何をコアビジネスにするかなども考えていません。何でもやっていけば、何とかなるさという気持ちでした。考えているだけでは駄目。とにかく一歩を踏み出すことを考えていました」

常に新しいことに挑戦しながら、自分自身の技術力を高め、オリジナル製品を開発していこう。そんな思いで永島社長は一九九一（平成三）年に新会社エステックを設立した。

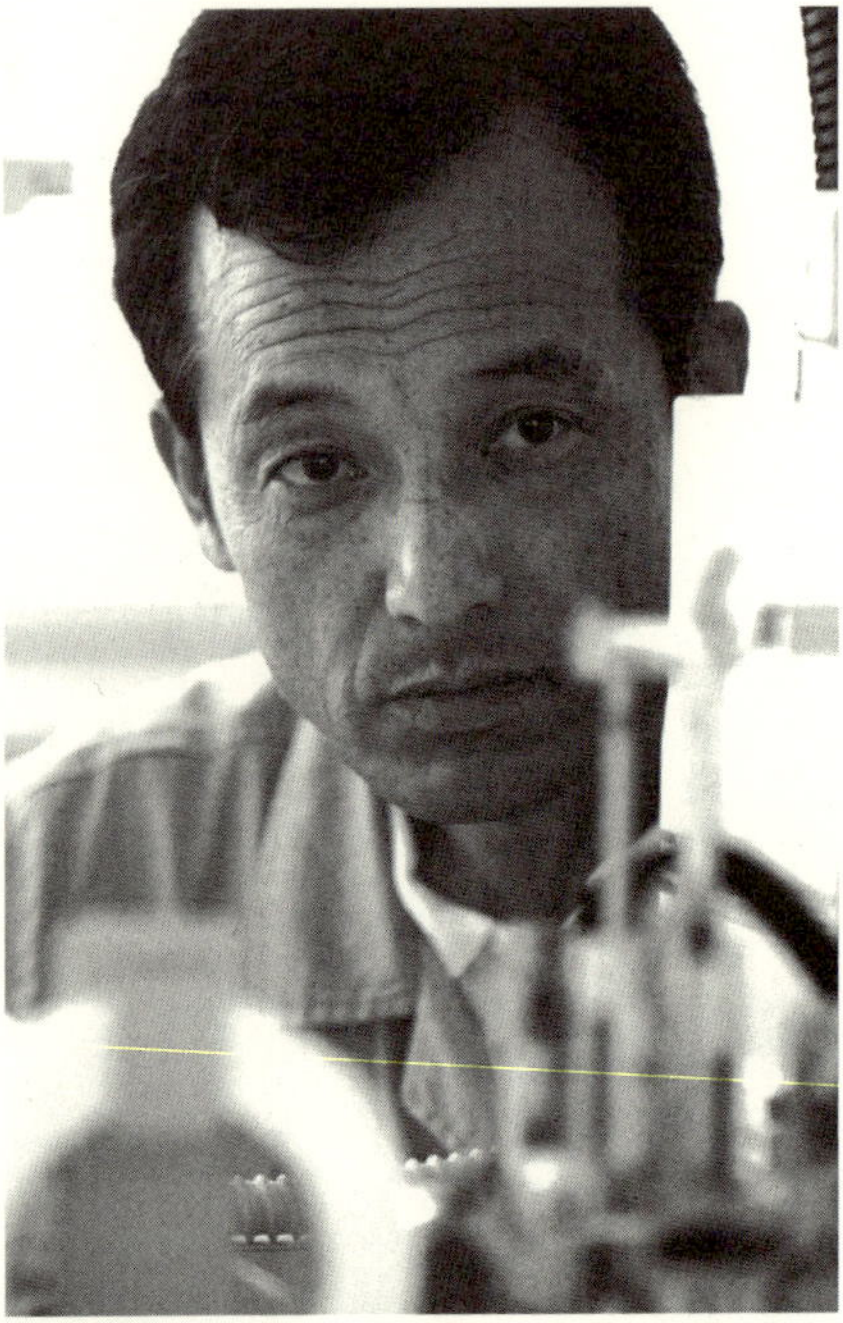

永島正嗣氏（撮影：古川誠）

「新会社といっても、二十坪ばかりの倉庫を借りてのスタートでした。それでも、最初から大手企業の仕事を受注したいと考えていましたから、前年に改正された商法が施行される数日前に株式会社として登記しました」

商法改正により株式会社の最低資本金制度が設けられ、株式会社を設立するには一千万円以上の資本金が必要となった。資金力は豊富ではないが、対外的に株式会社でないと信用度が低くなってしまう。そこで、施行前に六百万円の資本金で株式会社として登記したのだ。

エステックは、メーカーといっても、自社で開発した機械を売り込むわけではない。仕事はほぼ受注生産で、基本的に永島社長が顧客の要望を聞き、設計図を描く。その図面をもとに、社内で機械の組み立てを行い、最終製品に仕上げていく。したがって、顧客の要望を聞いた時の永島社長の決断がすべてといってもいい。

永島社長がよく使う言葉に「幸福の女神に後ろ髪はない」というのがある。あの時にこうすれば良かったなと思っても、つかむべき後ろ髪はないということだ。後で後悔しないように、打診された仕事はしっかりつかむようにした。

「小さな会社ですから、とにかくレスポンスがなければ信じてくれません。打診された時に『できます』といえば、クライアントも『ひょっとしてできるかもしれない』と思ってくれます。逆に、何も返事をしなければ、無視されるだけです。だから、『即断即決』で仕事を受注していました」

新しい仕事で脳をリフレッシュ

しかし、いくら即断即決で受注したとしても、成果を出さなければ事業にはならない。下手をすれば、あの会社は口先だけだと、非難を浴びることになる。

しかも、一緒に独立した仲間は電気設計と組み立てが専門で、アイデアは永島社長が一人で考えるしかなかった。それもタイムリーに図面を描いていかなければならない。

それは、一般の人にとっては大きなプレッシャーであるが、永島社長にとっては楽しみであるという。

「新しい仕事をすることで、常に自分の脳をリフレッシュすることができるのです。確かに、新しい仕事ですからリスクも高いですが、私にとってはそれだけ楽しい仕事です。実は、私の脳の中には七人の小人がいて、ああでもない、こうでもないと議論しているんですよ。その議論の中から、新しい解決方法がいつも生まれてくるのです」

こう語ると、永島社長はいたずらっぽい笑顔を見せた。

永島社長は、小中学生のころから他人とは違うことを考えていた。他の人と同じでは面白くないと思っていたからだ。しかも、長年農機具などの設計をやってきたため、一つの課題でも多面的に考えることが当たり前になっていたのである。

鉄則は中途半端な仕事をしないこと

「即断即決」で仕事を受注し、それを確実にこなしながら永島社長は仕事を増やしていった。その時、永島社長が自分に言い聞かせていたのは、「信用を築くには何年もかかるが、信用はあっという間に失われる」ということだった。

そうならないために、中途半端な仕事はしないことを「鉄則」としている。だから、今でも第一号機については満足できる製品であるかどうかを必ず自分でチェックしている。こうした仕事ぶりや、それを支える高い技術力は着実に会社の評価を高め、発注してくれる顧客も増えていった。

「ものづくり」の会では子どもたちが真剣な表情で実験に取り組んでいる。(撮影：古川誠)

エステックの社名が一躍注目されたのは、一九九二(平成四)年に開発したベルダー型試料調整機だ。これは地元の金属メーカーの依頼を受けて開発したもので、これまで人手に頼っていた鉄鋼の成分分析前処理用の試料の製作を自動化した、画期的な製品だった。

これを機にエステックは製鉄用の試料調製機製造分野に進出し、新製品を次々に開発していった。特に、一九九四(平成六)年には、ミーリングによって銑鉄試料表面を研磨するミーリング型試料調製機を開発した。ミーリングとはチップで銑鉄試料などを研磨する方法であるが、試料の硬度に合わせてチップを取り替えるなどの手間がかかっていた。

そこで、永島社長は実験を繰り返して、基本的に同じチップでの研磨が可能となる試料調製機を開発したのだ。これは世界で初めての製品化で、エステック創業以来最大のヒット製品となった。

世界初のタンパク質結晶化システム

エステックの会社案内にもあるように、永島社長はあらゆるニーズに応え、満足を積み重ねて信頼をはぐくむことに力を注いでいる。そのために、実績が高く評価されている製鉄用試料調製機製造分野にとどまることなく、フィールドを広げながらさまざまな先端技術と融合しつつある。そうした実績の一つが二〇〇一（平成十三）年に世界で初めて開発したタンパク質結晶化システムだ。

これは、独立行政法人理化学研究所と共同で開発したもので、タンパク質の構造解析に使用する結晶を自動生成し、成長状況を管理できるロボットである。タンパク質の構造解析は現在世界的に注目されている分野の一つで、ガン、アルツハイマーなどのターゲットタンパク質の研究が進んでいる。しかし、先進国が解析にしのぎを削るなかで、解析に必要なタンパク質結晶を大量に作る機械はなく、研究者は数カ月以上かけて手作業で研究用タンパク質を生成せざるを得なかった。

「それでは本来の研究時間が少なくなってしまい、研究のスピードは遅くなってしまう。

ものづくりの技術者として、そうした現状を放置するわけにはいかなかったのです」

研究者から機械に求められる機能などを聞くうちに、永島社長は具体的なイメージを構築していった。それは、永島社長の言葉を借りれば「勘」だという。

いくら豊富なデータがあり、技術の蓄積があっても新しい機械が生まれるわけではない。頼りになるのは、これまでの経験で研ぎ澄ましてきた「勘」である。大手メーカーの研究者でも開発できなかった機械を、島根県の小さなエステックが「勘」をもとに開発したのだ。

共同開発したタンパク質結晶化システムは、これまで数カ月を要していた結晶生成準備期間を一週間程度に短縮した。

次代を担う子どもたちにサプライズを

永島社長が掲げる企業使命は、一言で言えば「世にないものを創り出す」である。そのためには、当然人材が必要だ。しかし、島根県ではそうした人材がなかなか育ってこなかったし、他県などから飛び込んでくる技術者もいない。その意味でも、人材の確保はエステックだけでなく、島根県にとっても大きな課題である。

「といって、嘆いてばかりでは前に進みません。現状に対して強い不満はありますが、まず自分ができることをやっていかなければ状況は打開できないと思います」

こうした思いから、永島社長は二〇〇六（平成十八）年、小学四年生から中学三年生を対象に「東出雲町子ども『ものづくり』の会」を設立し、月一回のペースで実験やものづくりを行う教室を開いている。講師は地元のボランティアで、設立当初は永島社長が経費を負担してきた。

「理科離れが言われるなかで、子どもたちにサプライズを与え、ものづくりに興味を持ってもらおうという趣旨です。子どもたちの目は生き生きとしており、始めて良かったと思っています」

教室の会場には本社ビルの四階も使っている。案内されたフロアには、従業員用の健康器具とともに、子どもたちの実験器具が整然と並べられていた。それを手にする永島社長の表情からは、技術者のいつもの厳しい表情とは違った、「父親」のような優しさが伝わってきた。

エステック株式会社　http://www.stc-jp.co.jp/
資本金：8,200万円　従業員数：37名　売上高（直近年度）：7億6,000万円

和菓子の原点を守り、永遠に走り続ける

株式会社 源 吉兆庵
社長
岡田 拓士
（岡山市）

老舗に勝つには何が必要か

永遠のランナーであることを目指して、どんな不況時にも売れる高級和菓子に着目し、和菓子の伝統を守りながら常に新しい和菓子の境地を切り開いているのが株式会社 源《みなもと》 吉兆庵《きっちょうあん》の岡田拓士社長であり、経営者兄弟として岡田社長を支え続けているのが弟の岡田憲明副社長である。

岡田社長は一九四七（昭和二十二）年に岡山市で生まれた。父親の岡田寅太郎氏（故人）はもともと船員であったが、戦争で乗る船がなくなり、新しい仕事を探していた。そんな時に、菓子の原材料を入手した寅太郎氏は菓子の製造を始めた。経験や技術などなかったが、試行錯誤を繰り返しながら製造し、岡山市内で販売した。

しかし、戦後復興によって物資が豊かになってくると、戦前からの菓子メーカーが相次い

で事業を再開するようになり、寅太郎氏の菓子製造販売も厳しい状況を迎えた。

中学校を卒業した岡田社長は、病弱な父親を助けるために、高校に通いながら家業を手伝った。その当時、寅太郎氏が製造販売していたのは主に駄菓子であった。しかし、売れ行きに波があるうえに、商品の寿命も短かった。そんな状況を打開するためには、安定して売れる商品が求められていた。

「そこで着目したのが観光土産でした。土産用の菓子なら、売れ行きはある程度安定するし、商品の寿命も長くなると考えたのです。岡山県の北部には良質の温泉が数多くありますから、そこの土産用の菓子を製造するようになったのです」

さらに、追い風のように一九七二（昭和四十七）年には山陽新幹線が開通し、たくさんの観光客が岡山県を訪れるようになった。

創業当初、寅太郎氏は個人事業として菓子の製造販売を行っていたが、一九六九（昭和四十四）年には有限会社桃乃屋本舗を設立していた。山陽新幹線が開通した時、桃乃屋本舗は思い切った決断をした。それは東京や大阪の百貨店に出店することだった。

しかし、結果は厳しいものだった。商品にグレード感がないため、百貨店のニーズに応えることができなかったのだ。しかも、売場の間口も、老舗なら五・四メートルもあるのに、桃乃屋本舗は一・八メートルしかなかった。

「悔しかったですね。しかし、この時の苦い体験をバネに、私たちのような歴史の浅い店が老舗に勝つためには何が必要かを考えるようになりました」

その当時の悔しさがよみがえったのか、笑みを絶やすことのなかった岡田社長の表情が一瞬、厳しくなった。

不況時にも高級菓子は売れる

桃乃屋本舗は一九七四（昭和四十九）年には株式会社に組織変更し、翌年には岡田社長が社長に就任した。その時、東京や大阪への出店で厳しいリアクションを味わっていた岡田社長は、このままでは会社は駄目になってしまうという強い危機感を持っていた。

それを打開するためには、これまでとはまったく違う菓子作りが必要であり、そのためには新会社の設立が必要だ。こう考えた岡田社長と岡田憲明副社長は、桃乃屋本舗も残したまま、一九七七（昭和五十二）年に株式会社源吉兆庵を設立した。

源吉兆庵を設立する時、岡田社長は二つの考えを抱いていた。まず一つは「企業は永遠のランナーでなければならない」ということだ。そのためには不況にも強い会社にすることが必要である。

「そこで、昭和初期の世界大恐慌など、不況の歴史やその時の人々の生活ぶりなどを調べてみました。すると、どんな不況時にも高級菓子は売れていることが分かったのです。それなら、源吉兆庵は高級和菓子を目指そうと決断しました」

もう一つは、他社の菓子との違いを明確にすることだった。和菓子は古来、「果子」と言われ、果物がルーツである。しかも、岡山県は桃やマスカットをはじめとした果物の産地である。それならば、和菓子の原点に戻って、地元の果物を使った和菓子を製造すれば、他の菓子との差異を明確にできるし、個性的な商品にもなると考えた。

こうしたコンセプトで源吉兆庵の和菓子作りはスタートした。ちなみに、社名は、めでたい兆しの「吉兆」に、菓子の原点に戻るという意味で「源」を冠したものだ。

返品のなかで評価され出した商品の魅力

老舗と戦うために、原点を大切にする和菓子、こだわりのある和菓子を作っていこう。そうした大きな志を掲げて歩み出した源吉兆庵であった。しかし、マーケットは予想以上に厳しかった。設立した翌年の九月には東京・大阪・岡山の百貨店で四店舗がオープンしたが、まったく売れなかった。百貨店の高級菓子は主にギフト用で、どんなに良い商品であっても、お客さまは名前の知られていない菓子店の商品など購入しなかったのだ。

しかも、個性を出すために季節に合った商品を製造する方針を掲げていたために、種類だけは増えていった。倉庫に山積みされた返品を目の前にして、思わず言葉を失った。しかし、ここで諦《あきら》めるわけにはいかなかった。会社の生き残りを賭けて選択した道である。何としても結果を残さねばならなかった。その横には、共に事業に取り組んでいる弟がいた。

「よし、今度はあの商品を開発しよう」。岡田社長と弟はさっと気持ちを切り替えて、倉庫を後にした。二人の後ろ姿に失望感はなかった。ただ、ひたすら前進していこうという強い意志だけがみなぎっていた。

すでに運転資金は底をついていたが、商品開発だけは止めなかった。若かったからできたのかもしれないと、岡田社長は振り返る。

岡田拓士氏（撮影：林田悟）

「商品は売れないのに、開発は止めませんでしたから、運転資金はどんどん少なくなっていきます。そこで、桃乃屋本舗の商品を売って回り、その利益を開発に回していきました。今から思うと、地獄の世界でしたね。しかし、振り返ってみると、どんなに苦しくても自分たちの意志を貫いたことが良かったと思います」

岡田社長は笑みを浮かべながら語った。しかし、その時の苦労は並大抵ではなかった。コストを削減するために、デザインを缶に印刷しないで紙に印刷して包装したり、車の運転席の床に穴が開いたためにゴムのマットを敷いたり、コピー機を買わずに文具店でとったりしていた。

そんな苦労を重ねるなかで、少しずつ仕入れなどを担当するバイヤーから注文が寄せられるようになった。売れ筋を熟知しているバイヤーにとって、源吉兆庵の商品は魅力的だったのだ。

しかし、まだ資金力が弱かったために、新商品の発売や新規出店などには慎重に取り組んだ。例えば、新商品を開発しても、マーケットに出すと、すぐに類似品を開発される。そうなると、原材料をどれだけ確保できるかの「資金力の戦い」となってしまう。そうではなく、原材料をしっかりと押さえてから新商品を発売すれば、類似品を出すこともできない。そうしたことも考えながら、源吉兆庵は開発を行っていったのだ。

「創業から二、三年は社員も苦しかったと思います。そこで、百貨店やお客さまから注文が寄せられると、そのことを社員にどんどん伝えていきました。それによって社員は自分たちが作っている商品についての自信を深めますし、やる気も高まってきます」

ブランドイメージが成長エンジンとなる

源吉兆庵の大きな特徴として挙げられるのが、創業当初からのブランド戦略である。老舗が多い和菓子業界で戦っていくためには、高い商品力とともに企業イメージが必要だった。

それは、桃乃屋本舗の事業を展開するなかで、岡田社長がいつも痛感させられていたことだった。

そこで、源吉兆庵の創業に当たって、企業イメージ確立戦略であるCI（コーポレート・アイデンティティー）の策定に取り組んだ。やってみて駄目だったらいつでも変更できるように、手作りのCIだった。

現地の生活文化とマッチした和菓子を提供している海外店舗
（写真提供：源吉兆庵）

会社の経営戦略を策定し、ビジュアルカラーも決定した。しかし、それを百貨店などに見せても反応はいまひとつだった。まだ、CIがほとんど知られていなかったのだ。それでもCI策定は源吉兆庵にとっては大きな意味を持っている。新規出店の交渉や金融機関との交渉などにおいて、企業イメージを明確にすることができ、それが強い説得力となっているからだ。

「ブランド戦略ではファッション業界を研究し、あまり出店数を増やさずに事業を展開して、商品価値を高めていきました。また、ブランド戦略を高めるために東京・銀座に自社ビルも建設しました。これによって源吉兆庵のブランドイメージが高まり、事業を進める上で大きな力となっています」

東京ではビルの建設ラッシュが続いており、新しいビルにはブランドショップが相次いで出店している。そうしたビルに出店するためには、ビルそのものの価値を高めるブランド性がテナントに求められる。銀座に自社ビルを建設したことは、そうした交渉の上で非常に有利であるし、逆に出店要請をされることも多くなってくる。ブランドイメージは大きな力になっているのだ。

初心を持って時代に対応する

一九九三（平成五）年、源吉兆庵はシンガポールの百貨店に出店した。初めての海外進出だった。

「その数年前にロンドンに出張した時、初めての大相撲海外巡業が大成功を収め、外国人が日本の文化などに強い興味を抱いているのを肌で感じました。これなら外国人にも日本の和菓子が売れるのではないかと考えたのです」

ちょうどシンガポールにオープンする日本の百貨店から要請があり、源吉兆庵はシンガポールに出店したのだった。しかし、初の海外進出には苦労も多かった。暑い国だから水羊羹《ようかん》やゼリーが売れるだろうと思ったのだが、まったく売れなかった。調べてみると、熱帯地域であるため、食べ物はすべて火を通しており、水羊羹やゼリーなどの水菓子は怖くて食べられなかったのだ。それが分かってお饅頭《まんじゅう》を並べてみると、よく売れた。

「日本式の感覚では通用しないということです。やはり、その地域の人たちの生活や文化をしっかりと知った上で、どんな商品を売っていけばよいかを考える必要があります。また、法律や関税、労働条件などもきちんとクリアしなければ、事業を展開できません」

地元の人たちにとっては異文化である和菓子を押し付けるのではなく、そこでの生活文化をきちんと理解しながら、それとマッチする和菓子を提供していく。それが源吉兆庵の海外進出の基本戦略とも言える。

源吉兆庵は、シンガポールに続いて、台湾や米国、英国、フランスなどに進出し、現在では七カ国に十三店舗を構えている。一方、国内でも直営店二十六店舗を含めて約百三十店舗を持っている。

「これからは新しいライフスタイルに合った和菓子、使う用途に合わせて価格やボリューム感を考えた和菓子などを開発していきたいと思います。しかし、そうした時でも原点は大切です。初心を持って時代の変化に対応していきたいと考えています」

源吉兆庵の本社の隣りには岡山本店がある。きれいなお菓子が並べられている店内の一角では、二人の中年男性が和菓子を見つめながら、「おいしそうだな」とつぶやいていた。

その声にうれしそうな表情を浮かべながら、岡田社長は店内の和菓子に目をやった。その目は、わが子を見つめるような優しさに満ちていた。

株式会社　源 吉兆庵　　http://www.kitchoan.co.jp/
資本金：9,800万円　従業員数：1,760名（グループ全体）　売上高（直近年度）：290億円（グループ全体）

社員に夢と誇りを与え続けたい

株式会社フジワラテクノアート
社長
藤原　恵子
（岡山市）

技術とアートの融合で独創的な製品

醸造業界で初めてコンピューター制御による自動製麹《せいぎく》装置を開発した実績を基盤に、百億円企業を目指してバイオマスや新技術（テクノ）と感性（アート）の融合で独創的な製品を開発しているのが株式会社フジワラテクノアートの藤原恵子社長である。

藤原社長は一九五一（昭和二十六）年に岡山市で生まれた。家は、祖父の藤原研翁《けんおう》氏（故人）が一九三三（昭和八）年に創業したしょうゆ醸造機械メーカーだった。以後、藤原醸機、藤原醸機産業と社名を変え、一九九三（平成五）年には「フジワラテクノアート」に社名変更した。「技術（テクノ）と感性（アート）の融合で独創的な製品を開発しよう」という思いを込めた社名変更だった。

日本酒や焼酎、ミソ、しょうゆは日本人の食生活に欠かせない醸造食品であるが、これらを製造するには、原料となる米や麦、大豆などを発酵させる麹《こうじ》が必要である。昔ながらの麹造りでは、職人たちが高温多湿の麹室《むろ》にこもり、麹が入った器に付きっ切りで作業をしていた。職人の経験や勘に頼った麹造りだった。

こうした麹造りを大きく変革したのがフジワラテクノアートだった。一九八〇（昭和五十五）年には醸造業界で初めて、コンピューター制御による自動製麹装置を開発し、人手を要しないで従来と同じ品質の麹を造ることを可能とした。さらに、一九九三（平成五）年には、数値で表せない人間の感覚などをプログラム化するファジー制御を温度管理などに導入した装置を開発した。

これによって、新入社員でも熟練のオペレーターとほぼ同じ水準の高品質な麹を製造することができるようになり、納入先も焼酎メーカーなどに広がっていった。

社長に就任して社員一人ひとりと面接

「小さな時から仕事の内容はそれとなく聞いていましたし、顔見知りの社員もいました。しかし、会社を継ぐなんて考えたこともありませんでしたね」

岡山市内の高校を卒業すると、藤原社長は関西の大学に進学。卒業した年の十月には、大阪出身の善也氏と結婚し、家事に専念してきた。夫の善也氏は結婚と同時にフジワラテクノアートに入社し、一九九四（平成六）年には、藤原社長の父親である藤原章夫社長（現会長）

の後を継いで社長に就任した。

「夫は仕事を家庭に持ち込まない人で、会社のことはまったくと言っていいほど私に話しませんでした。また、私も稲荷大祭の時に会社に行くだけでした」

稲荷大祭は、自然の恵みに感謝するために、取引先などを招待して毎年四月に本社内の稲荷の杜《もり》で開く祭りである。

そんな藤原善也社長が事故で急死したのは二〇〇〇（平成十二）年の夏。それから数カ月後に、藤原社長は久しぶりに父親と一緒に食事をした。会長と社長を兼務する父親の表情は、激務にもかかわらず穏やかだった。

楽しい食事が終わった時、父親がテーブルの上に名刺の束を置いた。刷り上がったばかりの名刺だった。左上に刷られた赤いロゴは、父親が会長と社長を兼務する株式会社フジワラテクノアートのロゴだった。

「じっと見ると、『代表取締役社長　藤原恵子』という文字があったのです。『えっ、何』と思いました。目線を上げると、父親の顔がありました。それは企業家の厳しい表情でした。そうか、私がやろう。そう決意して、名刺をしっかりと受け取りました。私は思い悩むのが苦手なんですよね」

二〇〇一（平成十三）年一月一日、藤原社長は社長の椅子に座ることとなった。しかし、ほとんどの社員の名前も顔も分からない状態だった。

そこで、藤原社長がまず行ったのは、社員一人ひとりとの面接だった。当時の社員数は約九十人。一人一時間としても、まるまる十二日は掛かってしまう。しかも、お客さまへの社長就任あいさつも必要だった。

社員が提案しやすい企業文化

全国のお客さまへのあいさつ回りをこなしながら、藤原社長は社員との会話を積み重ねていった。本音を語ってくれるだけでなく、家庭事情まで明かしてくれた社員もいた。

藤原恵子氏（撮影：幡山正人）

会話を交わすとともに、若い社員からベテラン社員まで、いろいろなことを教えてくれるようになった。営業でも製造でも、現場でしか分からないことは非常に多い。かといって、社長がすべての現場を体験することなど、とても無理である。その点で、全社員と面接した藤原社長の手法は効果的であった。

「とても忙しかったですが、うれしかったです。この経験から、会話がしやすい環境づくりの大切さを強く感じました。社長にものが言えなくなったら、会社は駄目だと思います。それと同時に、こんなことはできないかという提案も社員から寄せられるようになりました」

社員が提案しやすい企業文化。それが、社員と気軽に話し合える関係づくりを通じて、少しずつ生まれてきたのだった。

社員が夢と誇りを持って働く

藤原社長は社長に就任する時、あることを考えていた。それは、会社の成長に向けて種まきをしようということだった。その当時の業績は厳しかった。しかし、新しい方向性を模索していくことは非常に重要であるし、社員の励みにもなると考えたのだ。

「私が常に心掛けているのは、社員が夢を持って働き、会社を誇りに思ってもらうことです。そのためには、決して失敗を恐れず果敢に挑戦することが大切だと判断したのです」

フジワラテクノアートのコア技術は麹を製造する醸造機械技術である。この技術をより高めるために開発部があるが、藤原社長はそれ以外に新規事業部を設立した。これはコア技術からちょっと離れた分野での新規事業の創出を狙ったものだ。

新規事業部が新しいテーマを研究するに当たっては二つの「条件」があった。それは、空港に隣接しているという地理的条件を生かして空輸しやすい製品にすることと、社会貢献できるものに取り組むということだった。

そうしたなかから生まれてきた一つが、免疫力の向上効果などがある「カバノアナタケ」の量産技術だった。カバノアナタケは、その希少価値の高さから「山の黒ダイヤ」、「森のダイヤモンド」とも称されているキノコだ。

フジワラテクノアートは、麹菌の培養で培った技術を生かして、カバノアナタケの菌糸を培養する技術を確立し、大量生産することに成功したのだった。この製品はすでにエビデンス（医療的根拠）も確立し、ＯＥＭ（相手先供給ブランド）と自社販売の二本柱で市場に投入している。

また、健康食品事業と並んでバイオマス（生物資源）事業にも取り組み、魚のあらや野菜くずを微生物の働きで飼料にする発酵装置なども開発している。

最新の技術が駆使されている醸造装置（撮影：幡山正人）

トータルなソリューションの提供

こうしたチャレンジ精神はコア事業である醸造装置事

業のあり方にも大きな変化をもたらした。これまでのフジワラテクノアートのビジネスは醸造メーカーの注文に応じて醸造装置を納入するものだった。しかし、設置してみると、建物の関係で工程がギクシャクするといった問題点も多く発生し、醸造メーカーも頭を痛めていた。

そこで取り組んでいるのが、工場の用地造成から設計、施工、そして装置の設置までを一貫して行うということだった。そうすれば、工程の流れもスムーズになるし、工場の生産性も高くなる。いわば、装置の販売からトータルなソリューションの提供へとビジネスの領域を広げていったのだ。

「フルターンキー方式」と呼ばれるこの事業は、九州の大手醸造メーカーで初めて実現され、業界の注目を集めた。その評価が高まるにつれて、次の受注へとつながっている。

「醸造機械に続いて、バイオマス、そして新規事業がしっかりした柱になってくれれば、目標である百億円企業にもなれると確信しています。そのためにも、新しいことに挑戦し続け、社員に夢を持ってもらいたいです」

応接室の窓からは雨に濡れる工場が見えていた。その様子を見つめる藤原社長の目には、ほの暗い雨雲の上で明るく輝く太陽が見えているようだった。

株式会社 フジワラテクノアート　http://www.fujiwara-jp.com/
資本金：3,000万円　従業員100名

「外貨」を獲得して地域活性化を実現する

オーティス株式会社
社長
佐山　修一
（岡山県真庭市）

長男として家を継がなければならない

生まれ故郷を活性化するために打ち抜き加工会社を創業し、携帯電話などの普及とともに加工スピードの速さと品質の高さで事業を拡大しているのがオーティス株式会社の佐山修一社長である。

佐山社長は一九五八（昭和三十三）年に岡山県湯原町で生まれた。実家は父の代まで二川村にあったが、昭和二十年代末からの湯原ダムの建設で水没することになったため湯原町に移転した。その後、二川村は一九五六（昭和三十一）年に湯原町と合併し、湯原町は二〇〇五（平成十七）年に周辺町村と合併して真庭市となった。

ダムの建設により湯原町は観光地として一躍脚光を浴びるようになった。壮大なダムの光景とダム直下の露天風呂の組み合わせは多くの観光客を引き寄せた。とりわけ露天風呂は岡山県北部の温泉を代表する「美作《みまさか》三湯」の一つに数えられる名湯で、バス観光のメインともなっていた。こうした観光ブームをサポートするために、父親も土産品店を経営するようになった。

地元の高校を卒業すると、佐山社長は大阪の大学に進学した。選択したのは経済学科だった。

「私には姉と弟がおり、どうしても長男として家を継がなければなりません。そのためには、山林を経営するか、土産品店を継ぐかですが、どちらにしても、経済は勉強しておきたいという思いがありました」

百貨店で学んだサービス業

卒業を迎えた時は就職難であったが、県の事業団への就職が内定した。ただし、欠員待ちであった。そのため佐山社長は、大学卒業後の二年間、服飾会社のアルバイトとして大阪・梅田にある阪急百貨店に出向し、ジーパンを販売した。

「阪急百貨店のシステムは売上を伸ばせばスペースを拡大できるものでした。したがって、ひたすらお客さまに声をかけ、ジーパンを売りまくりました。その結果、二年目の売上は前年の倍を超えるほどになりました。振り返ってみて、百貨店では本当にサービス業の勉強をさせてもらったと思いますよ」

百貨店での二年を終えて、佐山社長は事業団に就職した。しかし、そこには常に違和感があった。同じサービス業でありながら、お客さまに満足してもらおうと一生懸命働けば働くほど、職場から浮き上がってしまうのである。決められたことだけをすれば良いという「企業文化」がまん延していたのだ。

このままでは自分も駄目になってしまう。そう思った佐山社長は一年で退職し、故郷の湯原町で喫茶店を開くことを考えた。湯原町で起業しようと考えたのは、自分を育ててくれた故郷に恩返ししたいという気持ちからだった。

佐山修一氏（撮影：林田悟）

佐山社長はいつも「竈突《くど》の灰まで長男のもの」という言葉を耳にしてきた。長男は家の全財産を継ぐ。その代わり、長男は家の墓と仏壇を守り抜かねばならない。

それは自分が生まれた「家」だけのことではなかった。村長を務めた祖父と議員を務めた父。それ以上に、二百町歩の山林を所有していた素封家《そほうか》の跡取りとして、この地域の未来に責任を持たなければならない。そのことを自分に言い聞かせるように、佐山社長はこれまで「故郷」が眠る水底を眺めてきた。

「この地域がどう生きていけば良いのか。その答えは、地域外から『外貨』を獲得し、地域内での需要を拡大することです。そのためには『外貨』を稼げる事業が不可欠だと考えたのです」

佐山社長は、見習いコックとしてドライブインやホテルで働き、そこで得たお金で国鉄払い下げの貨車を四両購入した。それを連結して喫茶店にしようと考えたのだ。図面も完成して建設に取りかかろうという時、店舗の建設を依頼していた建設会社が倒産した。結局、家族の反対もあって、佐山社長は喫茶店開業をあきらめた。

学生時代のアルバイトで起業

どうしたら良いのか。その時佐山社長がふと考えたのは、自分がこれまでやってきた仕事で一番実入りが良かった仕事は何かということだった。それは、大学の四年間アルバイトでやったフィルムの打ち抜き加工だった。

「私は大学でもバスケットボールをやっていたのですが、先輩の家が打ち抜き加工の会社でした。そこで、会社に寝泊りして打ち抜きのアルバイトをやりました。そこでは、アルバイトの所定の時間が過ぎると一個いくらで請け負うことになり、当時の学生としては多額の収入を得ていたのです」

佐山社長はさっそく専務になっていた先輩に電話し、打ち抜きの仕事を湯原でさせてほしいとお願いした。フィルムの打ち抜き加工はスタンピングパーツとも呼ばれ、金型でフィルムなどを打ち、一定の形状のものを作り出すものである。

佐山社長が大学に入学したのは一九七七（昭和五十二）年である。その年、電機業界では「ボタン戦争は終わった」という言葉が大きな話題になった。シャープが世界で初めて平面タッチキー方式を採用した厚さ五ミリメートルのカード電卓を開発したのである。「ボタン戦争は終わった」というのはその時のキャッチコピーである。

この技術革新により、カード電卓内部の電子部品を両面テープで貼り付け、固定する作業が必要になったのだ。それを受注していたのが先輩の会社であった。平面カード電卓は急速に普及したため、佐山社長も毎日のように深夜まで作業を続けなければならなかったのである。

四名のスタッフと中古の機械で事業を開始

佐山社長からの電話を受けた先輩は快諾した。カード電卓は急速に普及したが、それに伴って業務の受注もある程度落ち着き始めていたのだ。そこで、佐山社長は中古の打ち抜き機を購入し、個人商店の佐山製作所を設立した。一九八五（昭和六十）年のことだ。佐山社長はまだ二十七歳だった。

「佐山製作所を創業するとき、父親は大賛成してくれました。父親にすれば、一次産業の山林経営と三次産業の土産品店に二次産業の製造業が加われば、将来どんなことがあろうと家を守っていけるという思いがあったのでしょう」

佐山社長は創業する時、中学からの同級生である小野拓志氏を引き抜いた。自分には打ち抜きの経験はあるが、これからは営業も重要であり、人との交際が得意な小野氏が最適だと考えたのだ。小野氏は快諾し、専務として事業に参加した。こうして四人のスタッフで佐山製作所がスタートした。

自分たちが頑張れば、売上は伸びる

創業時の仕事は、先輩の会社から受注した、大手電機メーカーの各種粘着製品の打ち抜き加工だった。ただ、一般的な受注と大きく異なったのは、クライアントである大手電機メーカーへの営業活動や生産も佐山製作所で行うことだった。もちろん、先輩の会社には売上に対する一定のマージンを支払わなければならないが、自分たちで頑張れば、それに応じて自分たちの売上は伸びていった。

当初はラジオカセット用部品の加工が主な仕事であったが、以後、CDラジカセ、コードレス電話へと、時代の流れとともに、加工部品も変化していった。それとともに、佐山製作所も業容を拡大し、一九八七（昭和六十二）年には会社組織に改組した。

また、クライアントである大手電機メーカーの生産拠点の海外シフトに伴って、一九九四（平成六）年にはマレーシアに進出した。さらに、一九九六（平成八）年にはオーティス株式会社に社名を変更した。

「英語で表記すれば『ＯＴＩＳ』です。Ｏはオリジナリティーで自社ブランドを持つこと、Ｔはテクノロジーで技術力、Ｉはイノベーションで改革、Ｓはスピリットで挑戦。この四つの意味を込めて命名しました」

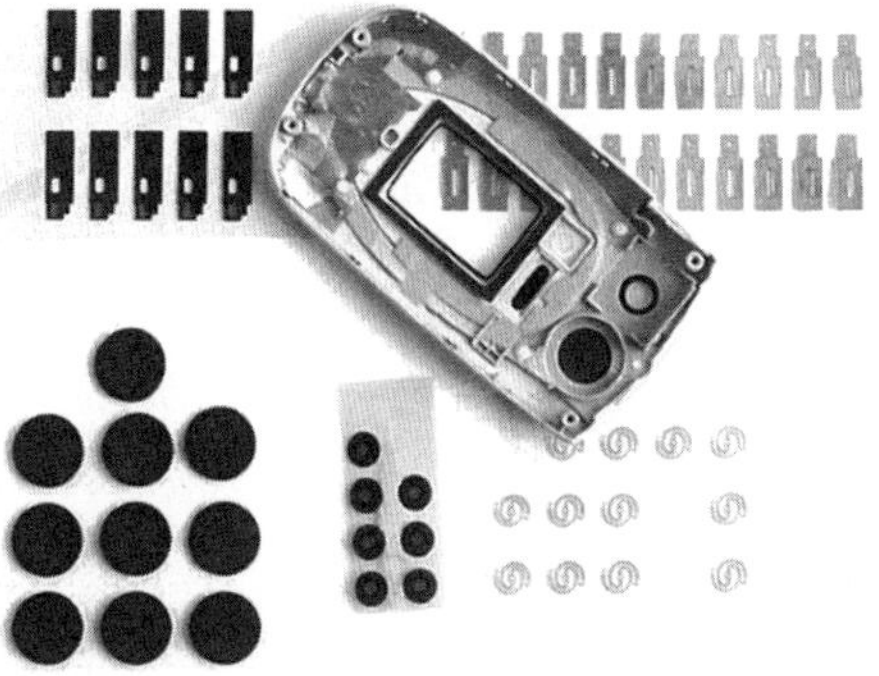

携帯電話のすき間に入れられる製品の数々（撮影：林田悟）

内製化でスピードアップと質の向上を実現

打ち抜き加工を専門とするオーティスは創業以来着実に売上を伸ばしていった。特に大きく成長するきっかけとなったのは、一九九六（平成八）年からの携帯電話の普及だった。オーティスはこれまでも加工部品の変化に対応してきたが、特に携帯電話の普及に伴って売上を大きく伸ばしていった。その要因として挙げられるのはスピードである。

「家電も同じですが、携帯電話は筐体《きょうたい》と呼ばれる外装ケースと内部の電子部品などで構成されます。そのすき間に保護シートなどがはめ込まれ、音漏れや漏電などを防いでいます。設計上では予測できないのですが、完成した試作品をチェックすると、どうしてもすき間が生じています。そのすき間を埋めるのがオーティスの仕事です。いわば最後の最後に登場してくるのが私たちの仕事で、文字通り『スキマ産業』です」

こう語ると佐山社長は大きな声で笑った。すき間を埋めるのは時間との戦いである。保護シートの加工で時間がかかってしまえば、最終製品の生産が遅れてしまう。したがって、一時間でも早く加工することが必要だ。

加工のスピードと質を決定するのは抜き型である。しかし、自分たちがいくら早く作ろうと思っていても、抜き型を外部に委託していては思うようにはできない。

「そこで考えたのは、抜き型を内製化することでした。これによって、ＣＡＤデータがあれば三日目には量産体制に入り、四日目には納品できるクイックレスポンスが可能になりました。さらに、弱電電子部品やＩＣタグ製造での微細加工で注目されているロータリースクリーン印刷機を自社開発しており、材料・型・機械・加工を自前ですることで、ワンストップサービスを実現しています」

可能性に満ちた地方で仲間の輪を広げる

オーティスの主要加工製品は、ラジオカセットからＣＤラジカセ、電子手帳、コードレス電話機、携帯電話機へとどんどん変わり、現在は携帯電話部品が中心となっている。こうした加工製品とともに、新しい事業にも取り組もうとしている。その一つがソーラーガイドシステムの販売である。

これは、ビルでの自然光照明を初めて可能にした最先端技術である。自然光を主とする屋内照明は電力消費量を多く削減するといわれているが、自然光をどう調整するかが大きな課題であった。

このシステムは、太陽の移動を追うことなく窓からの日差しを室内全体に偏りなく広げるブラインド形状の採光器ソーラーガイドと、採り入れた自然光の量に連動して照明器の明るさを調整する機能を組み合わせたものである。

「これ以外にも、地元の豊富な木材を活用して射出成型品の開発にも取り組んでいます。私にとっては、この地に生きることが目的です。そのためには、仲間を広げながら、常に新しい事業に挑戦し、地域を活性化していきたいと考えています。地方はこれまで優秀な人材を生み出してきました。そうした可能性に満ちた地方で仲間の輪を広げていけば、必ず新しいものが生まれてきますよ」

オーティスの本社は真庭市の工業団地にある。その本社を包むように中国山地の緑の山々は広がっている。その山々を優しく見つめながら、佐山社長は今日も「この地に生きる」決意をみなぎらせているようだ。

オーティス株式会社　http://www.otis-com.co.jp/
資本金：3,000万円　従業員数：250名　売上高（直近年度）：52億6,000万円

デジタル化で新しい写真文化を創造する

株式会社アスカネット
社長
福田　幸雄
（広島市）

まるで夢のようだった起業と解散

遺影写真からスタートし、一冊からの写真集を、グラビア印刷を超えるクオリティーで制作するという、「常識」を超えた事業を生み出したのが株式会社アスカネットの福田幸雄社長である。

福田社長は一九四八（昭和二十三）年に広島市で生まれた。高校を卒業後、大学に進学したが、二年生の時に中退して東京の服飾関係の専門学校に進んだ。当時は高田賢三やコシノジュンコといった若いファッションデザイナーが活躍し始めたころで、もともと芸術系をやりたかったこともあって、福田社長は思い切ってファッションの世界に飛び込んだのだった。それは大成功だった。専門学校卒業と同時に、生地メーカーや縫製会社の応援を得てアパレルメーカーを開業。百貨店などに自社ブランドのコーナーを持つほどになった。

「まさに作れば売れる時代で、拡大路線をひた走りました。しかし、会社経営の経験などありませんでしたから、大量の在庫を抱えてしまい、結局解散することになりました。まるで夢のような五年間でしたね」

福田社長が広島市に帰ったのは一九八二（昭和五十七）年だった。東京での活躍ぶりを知っていた地元のブティックなどから誘いもあったが、福田社長は苦労してでも新しいことにチャレンジしたいという気持ちを抱いていた。

これだと思ったのは写真館だった。ファッションデザイナー時代から、福田社長はプロのカメラマンたちと親交を深め、写真技術も教わっていた。さらに、アパレル時代に在庫で苦しめられたこともあって、注文を受けて撮影する写真館には在庫がないことも大きな要因だった。福田社長はその年には飛鳥写真工芸社を設立し、翌年には株式会社飛鳥写真館として法人化した。

日本一の遺影写真のプロになる

写真館は開業したものの、問題はマーケティングだった。市内には数多くの写真館があり、他の写真館とは違うものがなければマーケットは開けない。そこで着目したのが、葬儀に欠かせない遺影写真だった。

葬儀の依頼を受けると、葬儀社はすぐに近くの写真館に遺影写真の制作を依頼する。しかし、暗室の中で小さな顔写真を切り貼りするのはつらい作業であり、積極的に受注しようという写真館はほとんどなかった。しかも、短時間で仕上げなければならないため、出来上がりも粗雑なものが多かった。

「そこで、自分が日本一の遺影写真のプロになってやろうと考えたのです。それから三年間、葬儀社を歩き回り、遺影写真の技術を磨きながら、一日も休まずに遺影写真を制作しました。その甲斐《かい》もあって、たくさんの葬儀社から信用を得ることができ、注文も増えてきました」

他の写真館が敬遠しがちな遺影写真というマーケットに焦点を絞った福田社長のビジネスは着実に成果を生み出していった。それとともに、結婚写真などの注文も寄せられるようになり、スタッフも少しずつ増やしていった。

デジタル技術で全国ビジネスを展開

飛鳥写真館の事業が劇的に変わっていったのはパソコンが登場してからだった。当時、ほとんどの写真館はパソコンで写真を合成したり、修整できるなど考えていなかった。小学生のころにはアマチュア無線にも熱中した福田社長は、独学でパソコンを使った画像処理を学び、いち早く写真の合成や修整を手がけるようになった。

飛鳥写真館に頼めば写真をきれいに修整してくれる。そうした評判が現像所などに伝わると、全国からデジタルでの合成や修整の注文が殺到するようになった。

その中でも、特に多いのが遺影写真だった。しかし、葬儀社には写真をデジタルで送信する装置などほとんどなかったし、操作できる人もほとんどいなかった。そこで、海外で開発されたばかりのリモートコントロールシステムを導入し、葬儀社などに設置してもらった。このシステムは、葬儀社は預かった写真を装置にセットするだけで、それ以降は飛鳥写真館のオペレーターがリモートで操作し、三十分後には完成した遺影写真が葬儀社で出力されるというものだ。

福田幸雄氏（撮影：長澤博幸）

「このシステムは大好評で、しかも広島から遠い所でもビジネスが成立します。これによって地域ビジネスから全国ビジネスに成長することができました」

デジタル合成技術を習得したオペレーターが制作する遺影写真はクオリティーも高く、このシステムはあっという間に全国の葬儀社に広まっていった。現在では全国約千二百社に導入され、全国シェアの二〇%を超える年間約二十一万枚の遺影写真が制作されている。

これほどのシェアを確保できるのはオペレーターの技術の賜物《たまもの》であり、その向上には相当な力を注いでいる。

クオリティーの高い個人写真集

福田社長のビジネスの原点は、他人が面倒くさがってやらないことをやろうということだ。そこから遺影写真の通信出力というビジネスが生まれてきた。このビジネスはその後も順調に成長していったが、そうなると新しいことに挑戦したくなってきた。

カメラマンでもある福田社長が次に考えたのが個人向けの写真集である。デジタルカメラが急速に普及するなかで、結婚式や旅行などの思い出を高品質の写真集にできないだろうかと考えたのだ。それも一冊からという小部数で、しかも安くかつ高品質の写真集というイメージだった。

それを実現するためには、業界の常識を打ち破らなければならなかった。そこで、システム開発や印刷などの業者を探し出し、技術者集団を結成して開発に取り組んでいった。

しかし、満足できるクオリティーはなかなか実現できず、苦闘の日々が続いた。

常識を否定して挑戦する

机の上に置かれた小さな写真集。その仕上がりを細かくチェックする福田社長の目はプロのカメラマンの目だった。一冊だけ刷られた写真集は、何百部、何千部刷るための試し刷りではない。一冊からの注文に応えるために刷られた、「最終商品」となる写真集だ。

そんな写真集など、これまでの常識ではありえなかった。しかし、お客さまのニーズに応えるためには、業界の常識を打破しなければならなかった。

まるで格闘するかのように写真集に見入っていた福田社長は、やがて顔を上げると、電話機に手を伸ばした。「だめだな。もっとクオリティーを上げてくれ」。そう告げると、受話器の向こうの技術者から言葉が返ってきた。「そんな、無理です。常識ではこれが限界です」。言葉は殺気立っていた。「それでもやるんだ。常識など否定して、まったく違う発想で挑戦するんだ」

そう指示すると、福田社長は椅子に腰を深く沈めた。技術

高い質を実現した、一冊からの写真集（写真提供：アスカネット）

者たちの苦闘ぶりは十二分に分かっていた。普通なら、「頑張ったな。良い出来上がりじゃないか」と声を掛けたくなるほどだった。しかし、自分にはまだ満足できるものではなかった。自分が満足できないものをお客さまに提供することは、良心が許さなかった。まず、プロのカメラマンでもある自分が納得できる写真集にする。それが第一歩であると確信していた。

「一冊からの写真集を、グラビア印刷を超えるクオリティーで制作する。それは、これまでの常識では考えられないことでした。しかし、私は必ずできると確信し、開発プロジェクトの先頭に立って技術者を、そして自分自身を鼓舞《こぶ》してきました」

福田社長はその当時の会社の雰囲気を思い浮かべながら語った。満足できるクオリティーになると、あっという間に注文が殺到してきた。こうして誕生した個人向け写真集は、国内だけでなく海外でも普及し、現在では月間二万冊以上が制作されている。

複合技術で世界を目指す

「私たちの技術は、それぞれの分野の優れた技術を組み合わせた、いわば複合技術です。それぞれの分野で高い技術を持っている企業はたくさんありますが、それらをトータルにコーディネートできる企業はそれほどありません。それが私たちの強さであり、新規参入を防ぐ障壁《しょうへき》ともなっています。これからは、こうした技術や商品の素晴らしさをもっと広く知ってもらい、新しい写真文化を創造していきたいです」

海外にもなかった、クオリティーの高い個人写真集。その制作システムを確立した福田社長の目線の先には海外がある。

葬儀用の遺影写真という、非常に限られた分野からスタートした写真館のビジネスは、デジタル化の波に乗って、世界に広がろうとしている。

株式会社アスカネット　http://www.asukanet.co.jp/
資本金：4億9,000万円　従業員数：250名　売上高（直近年度）：41億円

高い研究開発力で自動制御装置市場を開拓する

新光電業株式会社
社長
新藤 正信
(山口県下関市)

銀行勤めに訪れた大きな転機

鉄道関連の自動制御装置を中心に、独自の発想をもとに、技術や部品、組み立てなどは外部に依存しながら最終検査は自社で行う「知識集約化」で事業を拡大しているのが新光電業株式会社の新藤正信社長である。

新藤社長は一九三三（昭和八）年に山口県美祢市で生まれた。中学校を卒業すると、現在は豊浦高校となっている下関東高校に進んだ。高校時代、新藤社長は演劇部を創設し、演劇活動を始めた。人前ではうまく話せない、どうしても人見知りするといった「コンプレックス」を克服しようと考えたのだ。

「演劇を通じて自己改革に挑戦したわけですよ」と、新藤社長は笑いながら高校時代を振り返った。そのおかげで人前でも十分話せるようになるとともに、将来は演劇人になろうかと思ったほど演劇の魅力にひかれた。

また、歌の方も同校随一の存在であった。卒業後もNHKのど自慢には十二年連続入賞、キングレコード歌の登竜門優勝を果たすとともに、民放各社、北九州FM放送、下関FM放送など多くの番組にも出演。事業家とともに歌の方でも「有名人」である。

一九五一（昭和二十六）年に高校を卒業すると都市銀行に入行し、地元の支店に勤めながら、夜は地元の大学で学んだ。向学心は人一倍強く、大学はぜひとも卒業したかったのだが、途中で転勤となり、残念ながら大学を卒業することはできなかった。

その後、愛知県の尾張一ノ宮支店に勤務していた時、新藤社長に大きな転機が訪れた。新藤社長は歌も作詞もプロ級で、故郷の人たちから頼まれて『下関長府《ちょうふ》音頭』を作詞していた。その才能にピンと来るものを感じたのだろうか、下関市で新光電業株式会社を経営していた新藤保氏（故人）から、養子になって会社を継いで欲しいと請われたのだ。

新藤社長は悩んだ。当時は銀行でも全国トップクラスのセールスマンであり、最年少の支店長席になっていた。仕事は充実していたし、面白かった。

しかし、それ以上に新藤保氏の誘いには熱意がこもっていた。結局、新藤社長は下関に帰ることを決意した。

「ちょうど九州に支店を新設することになり、その責任者で行ってくれという内示があったのです。それを受けると行かざるを得ませんから、そのポストには部下を推薦し、私はその日に退職願いを提出しました」

こうして、新藤社長は十年以上勤めた銀行を去り、下関へと向かった。名古屋から乗った列車の中では一睡もできず、郷里に降り立った。その当時で資本金八百五十億円、行員一万五千人の都市銀行から、資本金六十万円、従業員四人の中小企業への「転身」だった。

自分の体力で生きていける中小企業

「この転身については、多くの友人から『支店長になれたのに、なんてばかなことを』と言われました。しかし、従業員はわずか四人でも、私がトップです。一生会社を支えるだけで終わるのか、それとも会社をリードするトップになるのか。私は迷わずトップの道を選びました」

そうした意気込みとともに、新藤社長は中小企業の可能性にも魅力を感じていた。銀行時代にいろいろな企業を見てきた経験から、自分の体力で生きていける中小企業を育てることの必要性を痛感し、その可能性はあると強く感じていたのである。

新光電業に入社後は、取引先のメーカーに見習いに出され、真夏の暑い日に一二〇〇℃の溶鉱炉のそばで汗にまみれて電線作りをしたこともあった。また、仕事を終えてから中学校の先輩宅に一年半も通って、電気の勉強もした。

研究開発型企業への転進

そうした経験から学んだものは、これまでのような代理店ではなく、自立性、主体性を持ったメーカーに脱皮することの必要性だった。

そこで、新たに計装事業部を設立し、コミュニティー（社会集団）・コントロール（遠隔操作）・コンピューター（自動制御）の三Cを具体化する研究開発型企業への転進を図った。

新藤正信氏（撮影：岡崎直樹）

そのために、良心・技術・アイデアを提唱し、「常識の打破」「発想の転換」「高い信頼の確保」を社員に訴えた。

「それは新光電業にとって大きな変革ですし、社員にも戸惑いがあったと思います。しかし、世の中で大切なものの一つは変わることです。それがなければ、生き残れませんし、成長もありません。このことを何度も社員に語りかけました」

しかし、問題は技術者だった。資本金が六十万円の中小企業ではなかなか技術者は集まらなかった。あらゆるつてを頼りに学校や大学教授を訪ねて人材のあっせんを頼み、やっと十人の技術者を集めることができた。

現場の声は神の声

市場の開拓も大きなテーマだった。新藤社長は、二カ月にわたり国鉄（現JR）、私鉄、民間企業などを歩き、市場の求めているものや規模などを調べ上げた。その結果、博多駅の改築工事に伴う空調の自動制御や関門トンネルの排水の自動制御といった仕事を獲得できるようになった。

「お客さまの所に行っては、現場で困っていることはないか、何が欲しいか、他社に頼んだができないと断られたものはないか、などを聞いて回りました。まさに、現場の声は神の声です。製品の需要や必然性、次世代を追求するためには、まず現場を踏むこと。それが一番です」

その現場主義で大きな成果を得たのが、一九六七（昭和四十二）年に開発し、国鉄に納入した「乗務員自動起床装置」だ。その当時国鉄では、列車の乗務員を起こすために担当の係員がいた。ブザーだと全員を起こしてしまうため、時間ごとに一人ひとりを起こしていたの

慎重に最終検査を行う社員（撮影：岡崎直樹）

だ。これでは不便であり、しかも合理的でもなかった。
そうした問題を解決したのが乗務員自動起床装置である。これは、起床時間になると自動的に枕が膨《ふく》れ上がり、寝ている乗務員に起床時間になったことを知らせることができる。この装置は国鉄以外にも数多く納入され、作家の辺見庸《へんみよう》氏が一九九一（平成三）年に芥川賞を受賞した『自動起床装置』はこの製品を題材にしたものだ。

国際技術会議で論文を発表

この乗務員自動起床装置に続いて、一九七〇（昭和四十五）年には「ジャンパー線総合試験装置」を開発した。ジャンパー線は列車や電車の連結部分にぶら下がっている装置で、その中には三十本近い素線が入っている。素線はどの一本が断線してもトラブルを起こすため、すべての鉄道会社は断線の検出に頭を痛めていた。

新光電業が開発した試験装置は電気抵抗の変化で断

線個所を簡単に発見するもので、これによって鉄道会社の悩みは一気に解決された。この製品は、ドイツで催された第六回国際技術会議で論文発表を依頼されるほど、国際的にも高く評価された。

しかし、新光電業の名前は全国的にはほとんど知られていなかったため、その営業活動は大変だった。新藤社長自ら、パンフレットを持ったり、小さな製品であれば背負って駅などを回った。

その後も、新光電業は数々の新製品を世に送り出すとともに、科学技術庁長官賞や日本発明協会実施奨励賞など、数多くの賞を受賞した。そのときの賞状などは社長室にぎっしりと並べられており、それらを眺めているだけで、新光電業の研究開発力の高さを実感させられる。

受賞記録は、勲五等瑞宝章、通商産業大臣賞、国際発明展金賞など二百六十を超える。その他に、趣味の音楽では三十二回もコンクールで優勝し、レコード会社のアカデミーで講師も務めている。

知識集約化で競争力を高める

こうした製品開発において大きな特色となっているのが、メーカーを志向した時から掲げている「知識集約化」だ。メーカーとして博多駅や関門トンネルの自動制御装置などを受注できるようになったが、支出も予想以上に過大であったため、なかなか利益は生まれなかった。

それを見越したかのように、大企業が系列化の話を持ち込んだ。しかし、新藤社長はきっぱりと断り、断固として自主独立路線を貫くと決意した。

そして、基礎技術は大学教授などの教えを受け、部品は大企業に発注し、組み立ては協力会社に頼み、最終的な検査は自社で行うという「知識集約化」を図っていったのだ。それは今でも、新光電業の製品開発力を支え、強い競争力となっている。

「発明には霊力が必要です。霊力とは、ものを考える力、興味を持つ力、感じる力で、常にそうした力を発揮させていなければ、ひらめきは生まれてきません。中小企業には百発一中という言葉はありません。あるのは一発必中です。そのためにも、常に考え続けることが重要なのです」

技術力を生かしてグローバルに展開

鉄道関連の自動制御装置を主力として事業を拡大してきた新光電業は、早くから中国との技術交流に取り組んできたが、近年ではその技術力を生かしてグローバルな事業展開を加速化させている。特に、経済成長とともに交通インフラの整備が急速に進んでいるアジア各国への製品輸出や技術協力には目覚ましいものがある。

また、同時にアジアの鉄道関連技術者のレベルアップに役立てようと、「国際技術センター」を建設して、現場で培ってきた自社の技術をアジアの技術者たちに伝授する計画も動き出している。

関門海峡の壮大なプロジェクト

社長室からは関門橋が間近に見える。五年以上の工期で一九七三（昭和四十八）年に開通した、本州と九州を結ぶ橋だ。全長約一二〇〇メートル。その美しい姿は関門海峡を代表する風景ともなっている。

この橋を毎日のように眺めながら、新藤社長は斬新《ざんしん》な構想をはぐくんでいた。それは、雄大な関門海峡をまたぐ、世界初の海峡ロープウェー構想だ。これは、下関市火の山公園山頂と北九州市和布刈《めかり》間の約一七〇〇メートルをロープウェーで結び、定員百一名の客車で約七分間の空中散歩を楽しんでもらおうというものである。

この構想のすごさは、そのスケールの大きさだけではない。それを実現するために、関門開発株式会社を設立し、環境庁（現環境省）からも開発許可を受けているのだ。

そのために、ロープウェーの安全性や利用客数の予測、年度別収支計画、事業指標などの調査研究もきちんと行っている。それだけでも多額の費用が必要であるが、それをやり遂げていることには驚くとともに、感嘆せざるを得なかった。

「幕末の思想家である吉田松陰は『勇なき仁知は無である』という言葉を残しています。いくら人徳や知恵があったとしても、それを行動に移さなければ意味がないということです。私はこの言葉が大好きで、自分の大切な信条にもしています。だから、構想だけに終わらせるのではなく、それを実現する。そのためには、いくらでも汗を流そうと思っています」

この構想だけでなく、著作も三冊発行し、いずれもベストセラーになっている。

新光電業から見下ろせる関門海峡。そこは古くからの交通の要衝《ようしょう》であり、さまざまな文化が交流する「玄関口」でもあった。そこを見つめる新藤社長からは世界市場も開拓していこうという大きな夢が伝わってくるようだ。

新光電業株式会社　http://www.shinko-inc.net/
資本金：2,000万円　従業員：約70名　売上高（直近年度）：20億円

芝のグローバルなトップ技術をもとに、総合環境事業へと闘い続ける

海水化学工業株式会社
社長
常森　斎紀《いつき》
（山口県防府市）

塩田跡地を利用したゴルフ倶楽部

次世代に引き継げる事業として環境に着目し、規模や地域に応じた「適正技術」を重視しながら、学者たちとの徹底したコラボレーションで独自の環境事業を展開しているのが海水化学工業株式会社の常森斎紀社長である。

常森社長は一九四三（昭和十八）年に山口県柳井市で生まれた。父親の義男氏は鐘淵紡績株式会社に勤めていた。戦火が激しさを増そうとしていた一九四一（昭和十六）年、鐘淵紡績は鐘淵海水利用工業株式会社を設立し、海水から貴金属などを抽出する国家プロジェクトに取り組む準備を進めていた。

当時、鐘淵紡績は山口県防府市に塩田を所有しており、そこで海水からさまざまな資源を抽出しようと計画したのだ。鐘淵海水利用工業の社長は鐘紡防府工場長が兼任し、義男氏は

専務として計画に取り組んでいた。

しかし、敗戦後、鐘淵紡績も財閥解体の対象となり、一九四七（昭和二十二）年には鐘淵紡績は成長産業である繊維事業を継承し、その他の事業は鐘淵化学工業株式会社が担うことになった。当時の鐘淵紡績が現在のカネボウであり、鐘淵化学工業が株式会社カネカである。

鐘淵紡績が解体された時、義男氏は当時の経営者の薦めもあって防府市の塩田と製塩工場を買い取り、解体された年には海水化学工業株式会社を設立し、社長に就任した。海水化学工業は、三田尻塩田の一角で、塩業を主体にしょう油や苦汁《にがり》などの生産と化学研究を進めた。

その後、政府によって塩業が廃止されると、一九六四（昭和三十九）年には広大な塩田跡地を利用してゴルフ倶楽部とゴルフ練習場を開業し、その後もアーチェリーランドや温泉旅館を開業するなど、事業の多角化を進めていった。

自分の希望を二〇〇％かなえてくれる会社

防府市の高校を卒業して大学に入学した常森社長は、大学院に進んで触媒化学を研究し、若い時からの夢であった学者を目指した。しかし、その夢はかなえられなかった。

常森社長が大学院で学んでいる頃はちょうど大学紛争が一番激しい時で、常森社長たちがこつこつと作り上げてきた超真空ラインも封鎖によって粉々に壊されてしまった。また、大学紛争での教職員や学生たちの行動も常森社長に大きな失望感を与えた。

「それ以上に大きかったのは、学問の厳しさでした。学者はオリジナリティーで勝負すべきなのですが、優秀な研究者仲間でもなかなか恩師を越えることができず、苦悩し続けていました。その姿を見て、とても自分にはできないと痛感したのです」

学者への道を断念した常森社長が入社したのは鐘淵化学工業だった。鐘淵化学工業は、新しい事業への開拓精神が強く、常に団結して新しいことに挑戦していた。そんな企業文化は常森社長にはぴったりだった。

最初に配属されたのは商品開発研究所で、その後も本社企画開発部、樹脂製品事業部、工場と研究所を行き来した。入社したのは二十八歳だったが、半年後には研究開発のグループリーダーとなり、社長直轄のプロジェクトも担当するようになった。

「米国のスタンフォード大学のマーケティングマネジメントコースでも勉強させてもらえましたし、企画提案もほとんど採用してもらえました。十年にわたる開発者研修課程にも参加させてもらい、さまざまな部署も経験させてもらいました。多くのチャンスと試練を与えてもらったと思っています。自分の希望を二〇〇%かなえてくれた会社でした」

年齢を重ねるごとに仕事は面白くなり、やりたいことも次々に浮かんできた。また、会社組織の中でも高い信頼を得、やがて会社をリードしていく人材だという声も聞こえてくるようになった。

義兄の大病で海水化学工業の経営を引き継ぐ

そんな時、常森社長に人生の大きな転機が訪れた。防府市で海水化学工業を経営していた義男氏は、ユネスコや法人会などの役職で多忙になってきたため、経営を常森社長の義兄に任せていた。

その義兄が急性白血病となり、経営に携わることができなくなったのだ。そこで白羽の矢が立ったのが常森社長だった。

常森喬紀氏（撮影：村上征雄）

それは義男氏にとっても非常につらいことだった。常森社長の結婚式の時、義男氏は参列してくれた鐘淵化学工業の役員の前で「息子の人生は会社に預けます」と断言していたのだ。それを、自ら覆さなくてはならないのだ。

「『すまんけどなあ、帰ってきてくれないか』。父親は本当にすまなさそうに言いました。その言葉を聞いてからは、父親の顔が浮かんできて、もうだめですね。悩んだ揚げ句、結局防府に帰ることを決意しました」

四十二歳の決断だった。とはいっても、すぐに帰れる状況ではなかった。仕事の引継ぎを済ませて退職した後も、机を借りて、思い描いていた会社の夢などを部下たちに伝えていった。

テーマは次世代に何を残すか

海水化学工業の経営を引き継いだものの、鐘淵化学工業とは規模があまりにも違いすぎ、しかも業種も全く違っていた。常森社長には何をすれば良いのか浮かんでこなかった。そんな時に起こったのが小学校の同級生の急死だった。

「二つのことを考えました。仲間あっての自分であることと、次世代に何を残せるかということです。これが経営者である私のテーマとなったのです。まるで亡き親友からのプレゼントのようでした」

若い世代と一緒に取り組みながら、その世代にバトンタッチしていこう。それも、二十年後くらいに自分が引退しても、次の世代が事業を伸ばせるテーマが必要だ。

こう考えた時に浮かんできたのが環境だった。環境を左右するのは一人ひとりの意識と行動であり、自分たちができることもあると考えたのだ。

科学者や教育者などで構成され地球環境の破壊などによる人類の危機を訴えるローマ・クラブの警鐘にもかかわらず、地球を取り巻く状況は悪化の一途をたどっていた。また、高度成長下で人々は量と安易な利便性を追い求め、日常の生活環境は貧しさを増し、コミュニティーは崩壊しようとしていた。もっと生活の場の「質」を重視する社会のために、自分たちでも何かできると思ったのだ。

中小企業でも取り組める「適正技術」

環境をテーマに新しい事業に取り組もうと考えた時、常森社長は「適正技術（アプロプリエイトテクノロジー）」をキーコンセプトとした。社会コストなどを考慮すると、大きな技術だけが良いのではなく、規模や地域に応じた「適正技術」が必要であるという考え方だ。これならば、資金力が乏しい中小企業でも取り組むことができる。

「また、中小企業が生き残るためには、超地域密着かグローバルであることが必要です。超地域密着とは限定した地域で顔の見えるサービスを提供することであり、グローバルとは世界からも評価されることです」

海水化学工業にとって、超地域密着はゴルフ倶楽部と温泉施設の運営である。では、グローバルはどこで実現するのか。

グローバルラインを突破してビジネス領域を拡大

そこで考えたのが、日常生活の場の「質」の向上と環境改善に資する商品システムであった。そのために、緑と水とエネルギーという三つのコアテクノロジーを蓄積していき、そこに独自の商品・システムを開発していくことであった。まず着手したのが環境の中の緑であり、そこから派生する芝生であり、さらに特化した東洋芝であった。東洋芝であれば、ゴルフ場だけでなく法面《のりめん》などにも利用できるし、グローバルにも評価される製品を開発できると考えたのだ。

「ただし、私は東洋芝の開発や製品販売だけをビジネスにしようと思ったのではありません。中小企業が新規事業に取り組み、それを大きく成長させるためには、まずセグメントをとことん絞り込むことが必要です。そこで、東洋芝の研究開発によって、グローバルなラインを突破する、細くても『塔』のような製品や成果を生み出し、その塔を生かしてビジネス領域を拡大しようと考えたのです」

つまり、グローバルに高く評価される製品や研究成果を生み出せば、周辺にあるビジネスが集積するようになり、それによってビジネス領域を拡大しようと考えたのだ。

それだけの研究成果を達成するためには、長い時間と多額の研究資金が必要であった。しかし、その成果はようやく生まれ、日本だけでなく海外の企業からも新しいビジネスの相談や打診が相次いでいるという。

それらが常緑性コウライ芝「コプロス」、「スクラム」や省管理芝「フラッツ」である。コプロスは東洋芝の一つで、冬でも緑を保ち、凍害や冬枯れを起こさないために管理コストも下げられる。芝類では世界で初めて米国とオーストラリアで特許も取得している。

世界的にも先端的な研究が続けられる芝（コプロス）
（写真提供：海水化学工業）

学者たちとの徹底したコラボレーション

しかし、地元に理工系の大学などない防府市でグローバルなレベルの研究開発をどう進めているのだろうか。そのことを常森社長にたずねると、コラボレーションとアウトソーシングという言葉が返ってきた。

コラボレーションとは他の研究機関などとの協力であり、アウトソーシングとは他企業などへの業務の委託である。つまり、すべて自社でやろうと考えずに、外部の専門家と共同で研究開発したり、自社でできない部分は積極的に外部に委託しようということだ。

「大学の先生たちとのコラボレーションでは、徹底的な調査や分析を行い、自分たちの構想をはっきりと伝えて、先生にお願いしています」

新しいテーマが挙がると、まずデータベースで研究者の論文を検索し、論文の抄録を読んで研究内容などを分析する。次に、研究者を三、四人に絞り込み、十年分の論文を取り寄せてじっくり読み込む。そして、これはと思える研究者がいると、直接電話して共同研究を提案する。

「非常に手間がかかっているように思えるかもしれませんが、これをきちんとやらなければ、十分な成果を得ることはできません。当社は山口県の小さな企業ですが、規模が小さいからといって、研究者たちから断られたことはありません」

常森社長は胸を張って言い切った。

海水化学工業は、東洋芝の分野で組織培養から人工変異、そして遺伝子導入に至るフルラインの独自技術を創出し、商品面でもトップ品質の品ぞろえを実現し、「KAISUI芝」のブランドも浸透してきた。そして今、並行して研究開発を続けてきた水とエネルギーの分野でも「KAISUI雨水貯留浄化システム」、「KAISUI屋上外断熱緑化システム」、「KAISUI外断熱蒸散冷却パネルシステム」などの新しい商品・システムを発表し実績も上げている。これら「KAISUI外断熱システム」は、低炭素社会の実現に有力なシステムとして、平成二十年度社団法人土木学会「地球環境技術賞」も受賞し、折しも東京都が温室効果ガス総量削減義務を決定したことも受け、いよいよ本格的な成長期に入ろうとしている。

「当社のような研究開発・マーケティング型企業には常に先行投資を続けていく宿命があります。経済情勢によっては苦しい時も楽な時もありますが、それでも次世代に対する使命に突き動かされて前に進むのです。それはまた、生きごたえのある人生です」

自らと闘い続ける日々

会議室の壁には海水化学工業の経営理念が書かれている。「創造と進化」、「共有共生共栄」、「超・一流」に次ぐ最後の理念は「生きごたえ主義」だ。その説明文には「私たちは、資質と努力と貢献が公正に報いられる社会の実現のため、自らと闘う日々を過ごしている」と記されている。

闘う日々。それは、研究開発に取り組み続けている常森社長の半生そのものともいえる。そして、その想いを継ぐ次世代もたくましく育ってきている。

本社の隣にあるゴルフ練習場では多くの人たちがスイングを繰り返している。それを優しく見つめる常森社長の視線の先には、世界をリードする技術に挑戦し続ける海水化学工業の姿が見えているようだ。

海水化学工業株式会社　　http://www.kaisuikagaku.com/
資本金：4,800万円　　従業員数：46名　　売上高（直近年度）：3億円

地域に根ざした環境共生住宅で新時代を切り開く

株式会社安成工務店
社長
安成　信次
（山口県下関市）

二十五年前にマーケットを民間移行

地域に根ざした住宅を目指してOMソーラーを導入するとともに、断熱材にも新工法を採用するなど、常に新しい時代の建設業を追求しているのが株式会社安成工務店の安成信次社長である。

安成社長は一九五六（昭和三十一）年に山口県豊北町（現在は下関市）で生まれた。父親の安成信良氏（故人）は一九四五（昭和二十）年、空襲によって焼け野原となった下関の街を見て大工になることを決意し、地元の大工棟梁《とうりょう》へ弟子入りした。

そして、六年後には独立し、建設請負業の安成組を設立した。安成組は民間住宅の施工を主な事業としていたが、昭和四十年代になると学校建設などの公共工事も行うようになり、着実に地域のゼネコンとして成長していった。その間、一九六九（昭和四十四）年には株式会社安成工務店に変更した。

幼い時から家の建設などを目にしていた安成社長は、大学で建築工学を学び、卒業後は北九州の建設会社に入社した。そして、一九八一（昭和五十六）年には父親が社長を務める安成工務店に入社した。

入社して二年後、安成工務店は事業の方向を明確にした。それは、公共工事に大きく依存するのではなく、個人をお客さまにしようということだった。

「良い工事をしても評価されない公共工事ではなく、良かったら良い、悪かったら悪いと評価される個人のお客さまのために仕事をしようと決意しました」

明確に企画提案型企業への志向を打ち出したのである。しかし、そこから安成工務店の苦悩が始まった。個人をお客さまにするということは、お客さまが一〇〇％満足できる建物にしなければならない。それは建設会社にとって厳しいことだった。

公共工事は仕様を最低限クリアすれば良い。しかし、個人住宅などでは施主の「感覚」が満足度に大きく影響するからだ。そこで考えたのが自社商品の開発であったが、一朝一夕にできることではない。

地域に根ざした住宅とOMソーラー

苦悩する安成工務店に大きな転換が訪れたのは、時代が昭和から平成に変わるころだった。

一九八八（昭和六十三）年に急逝した父親の後を継いだ安成社長は、地域工務店の役割を再考し始めていた。

「手がけていた住宅は本当に地域に根ざしたものだろうかと考えるようになったのです。私たちは、他のハウスメーカーと競合して、ひたすらデザイン、コスト、機能を追求してきました。しかし、それは結局プレハブメーカーの後追いをしていたに過ぎません。私たちが目指すべきは地域により根ざした住宅であると考えたのです」

安成信次氏（撮影：村上征雄）

地域に根ざした住宅。それを模索して悩んでいた安成社長が出合ったのは、地域の気象なども考慮する「OMソーラー」だった。OMソーラーは、特別な機械装置を使わずに、建築的な工夫で太陽エネルギーを床暖房、給湯、換気、採涼に利用するパッシブシステムで、開発したのは東京芸術大学名誉教授の奥村昭雄氏である。

さっそく安成社長は奥村教授と

会い、OMソーラーの説明を受けた。気象衛星アメダスの十年間分のデータを分析して地域の熱環境などをシミュレーションし、それをもとに住宅を設計していく。その手法は安成社長にとって非常に新鮮で、そこからパッシブ的（受動的）な考え方、地域主義的な考え方が芽生えてきた。それはやがて、環境共生思想に基づく住宅づくりこそが安成工務店の仕事であるという確信に結びついていった。

断熱材に新しい工法を採用

安成工務店はさっそくOMソーラーによる住宅づくりに取り組んでいった。しかし、当初は思ったほど熱環境が改善されなかった。疑問を持った安成社長は現場を見て回った。そして断熱材の施工に問題があることを発見した。壁に入れた断熱材にすき間が生じていたのだ。「どうすればすき間なく断熱材を施工できるか。それを考えている時に出合ったのが、古紙をリサイクルした綿状の断熱材を壁にすき間なく充てんするセルロースファイバー吹き込み工法でした」

安成社長はさっそくセルロースファイバー吹き込み工法の断熱を標準仕様として採用した。住宅金融公庫の基準が五〇ミリメートルの断熱材でしかなかった時代に、安成工務店は一〇〇ミリメートルの断熱層をすき間なく形成したのである。

その効果は非常に大きく、施工後に内装工事を行う大工さんからも暖かいという声が寄せられるほどだった。しかし、現場からの苦しい悲鳴もあった。コストアップ要因になるというのだ。

「それでも全棟採用を徹底させました。地域の工務店には、手がけた住宅と末長く付き合っていくことが必要です。そのことを考えると、コスト高になったとしても、安心してお客さまに引き渡せる住まいを造ることが最終的には利益になってくるからです」

当初は自社で施工していた断熱工法だが、特許や工法認定を取得。一九九六（平成八）年には株式会社デコスを設立し、工法もデコスドライ工法と命名した。デコスドライ工法は施工精度が性能に大きく影響する工法である。そのため、技術レベルを保つために日本セルロースファイバー断熱施工協会を設立し、そこで責任施工するようにしている。

「デコスドライ工法による住宅は調湿機能に優れており、これを導入する工務店も増えています。全国に仲間が増えることは非常に心強いです。それに伴って協会全体の施工件数も急増しています」

地域で育った木材で住宅づくり

一九八八（昭和六十三）年には、ＯＭソーラー、デコスドライ工法に先がけて安成工務店の住宅づくりに大きな影響を与える要因が生まれていた。安成工務店創業の地に開設されたプレカット工場である。

これは、先代社長が木造住宅の施工精度を高めるために計画したものである。残念ながら、先代社長は工場のオープン前に急逝した。しかし、その遺志は安成社長に引き継がれ、この工場で構造材をプレカットすることによって、数多くの住宅を高い精度で安定的に建築することが可能になっている。

地域に根ざした住宅であるためには、地域で育った木材を使うことが必要である。しかし、当初は外材を使うこともあり、完全には地域資源素材になっていなかった。そうした時に出会ったのが大分県上津江村（現在は日田市上津江町）の井上村長だった。上津江村は林業の村で、村長は連携できる工務店を探していた。

「若い井上村長は大きな情熱を持って山の再生に取り組まれていました。その思いに共感すると同時に、上津江産の優れた杉材を安定供給できる生産能力にも期待しました」

地域の気候を考慮した設計を行い、地域で育った木材を使用して、自然素材中心で住宅を建てる。そのことを希求し続けてきた安成社長はさっそく、「木の家づくり展示館」と名づけた、山との連携を展示する機能を持ち、建物そのもので「木の家」を表現した北九州支店を新築設置した。さらには「津江杉」という名を付けてブランド化も図っている。

また、こうした「木の家」を山口県でも展開し、山口県産材を「防長杉」とネーミングして、防長杉の「木の家」にも取り組んでいる。

新しい時代の建設業を切り開く

地域に根ざした住宅づくりに取り組んできた安成社長は、さらにコミュニティーづくりにも力を注いでいる。これまで建築してきた住宅はあくまでも「点の住宅」であったが、これからは「面のコミュニティー」をつくっていこうと考えているのだ。

個人主義が浸透するとともに、住宅団地に引っ越して何年も経つのに、両隣や数軒先程度としか付き合いがないというケースも珍しくなくなった。これから一緒に暮らしていくためには地域で助け合うことが必要なのに、それが希薄になってきたのだ。

北九州展示場の「香りの家」
（写真提供：安成工務店）

「そこで、約十年前に建設した団地で当社主催のバーベキューパーティーを開催しました。すでに入居している家族、工事中の家族、土地を購入しようと検討している家族が集まってワイワイ楽しみました」

すると、入居する前から旧知のように親しくなったのだ。それを目にして、安成社長はコミュニティーづくりが自分たちの仕事だと思った。そして今、新しいエコタウンの建設を始めている。

それは住宅団地だけでなく、商業施設の建設でも同じだ。小さな地域のまちづくりに力を発揮できる会社。それも地域に根ざした工務店の大きな役割だという。

安成社長が追い求めているのは「新しい時代の建設業」であり、そのために市場の扉をこじ開け続けてきた。もう少ししたら、一緒に扉を押してくれる人がみるみる増えてくるように感じられるという。

「そして、いつか扉が開いた時に、もしかしたら私たちは力尽きて倒れているかもしれない。でも、それでいいじゃないですか」

そう語ると安成社長は大きな声で笑った。まさに長州人気質である。

笑みを湛《たた》えた目線からは、地域に根ざした住宅を目指して最先端を奔《はし》る企業家の強い意志が伝わってくる。

株式会社安成工務店　　http://www.yasunari-komuten.com
資本金：7,200万円　従業員：132名　売上高（直近年度）：73億円

楽しく働ける職場こそ会社の命です

関西化研工業株式会社
社長
重永つゆ子
（山口県周南市）

先駆的に自動車の時代に飛び込む

創業者である夫の後を継ぎ、コア事業である自動車関連製品の製造販売を拡大するとともに、生活関連分野などへも事業領域を拡大しているのが関西化研工業株式会社の重永つゆ子社長である。

広島県東広島市に生まれた重永社長は、高校を卒業すると広島市の会社に就職し、そこで重永精亮《せいりょう》氏（故人）と出会った。当時の精亮氏はベッドメーカーに勤めていたが、高校を卒業した時から自分で創業することを目指し、営業や経理の経験を重ねてきた。

交際を続けるなかで二人は結婚の意思を固めた。一般的な結婚適齢期にはまだ若い年齢であったが、重永社長の両親は自分の考えをしっかり持っていた精亮氏を強く信頼し、「この人なら絶対大丈夫だ」と、一人娘である重永社長を嫁がせた。

結婚する一年前、精亮氏はベッドメーカーを退職し、関西化学研究所を創業した。創業を目指していた時、精亮氏は友人の大学教授から「これからモータリゼーションの時代が来る。だから自動車関連の製品は成長する」というアドバイスを得た。自動車が普及すれば、それだけエンジンオイルなどの化学工業製品の需要も高くなる。そう考えた精亮氏は関西化学研究所を設立して、工業化学製品と自動車関連製品の製造販売を開始したのだ。一九六六（昭和四十一）年のことだった。研究所名に「関西」と付したのは、関西まで市場を開拓したいという思いからだった。

当時は、自動車の価格が月収の三十倍以上もする時代で、庶民には高根の花であった。しかし、精亮氏は「いつかは米国のように自動車を楽しむ時代が来る」と信じて製品の研究開発に取り組み、ドライブをもっと安全・快適にできる製品を一つひとつ世に出していった。

体を張って石油元売会社との取引を実現

関西化学研究所は、一九七二（昭和四十七）年には関西化研工業株式会社として法人化するとともに、一九七八（昭和五十三）年には米国航空宇宙局（NASA）に関係しているメーカーとの技術提携により「NASAシリーズ」の製造販売を開始した。「NASAシリーズ」は、高温や高回転など過酷な条件に耐える航空機用ジェットエンジンオイルなどを自動車用に改良したエンジンオイルの添加剤などである。

こうした積極的なアライアンスを契機に関西化研工業は着実に事業を拡大していった。しかし、その陰には精亮氏の並々ならぬ努力があった。いくら自動車関連製品を製造販売するといっても、お客さままであるドライバーに販売するチャネルが必要で、そのほとんどは石油元売会社などが経営しているガソリンスタンドであった。そこで精亮氏は頻繁に各社石油元売会社のガソリンスタンド担当商事部に出向いて信頼関係を強めていった。

「ほとんど東京に出張でした。そして、毎晩のようにお酒のお付き合いもありました。本当に体を張り、命がけで頑張ったと思います。だからこそ、地方の小さな会社でありながら、プライベートブランド商品を製造させていただくまでになったのです」

重永つゆ子氏（撮影：村上征雄）

プライベートブランドとは関西化研工業で開発製造した製品を石油元売会社の製品として販売するもので、そのためには製品だけでなく会社そのものへの高い信頼が不可欠である。

社員を束ねる「要」が必要だ

まさに第一線で会社をけん引してきた精亮氏を突然病魔が襲ったのは一九九三（平成五）年の冬だった。精亮氏は懸命なリハビリに励んだ。もちろん妻の重永社長も病院に寝泊まりするなど、看病に努めた。そのかいもあって、もう少しで復帰できるまでに回復した。

「春には復帰できると喜んでいた時でした。突然再発し、そのまま寝たきりの生活を余儀なくされました。最初の病気の後も意識や記憶ははっきりしていましたから、回復した後の経営のことも考えていただろうと思います。だから、本当に悔しかったです」

その精亮氏の後を継いで、重永社長は社長に就任した。一九九七（平成九）年のことだ。

重永社長は、結婚後は家事や育児に追われていたが、少しでも社会復帰したく、子どもたちが学校に通う頃から化粧品会社に勤めていた。

重永社長は化粧品会社に勤めながら、人材育成や販売ノウハウなど多くのことを学んだ。それとともに、会社の業績も大きく向上させていた。

「ここで学んだのは、いかに楽しく働き、それを業績に反映させるかということでした。そのことは社長に就任してからも大きく生きてきましたね」

重永社長の言葉によれば「化粧品会社での仕事が絶好調」の時期に、精亮氏から経営に参加してくれと頼まれた。業績は順調に伸びていたが、それに伴って精亮氏が本社にいる時間が少なくなり、社員を束ねる「要」が必要だと考えたのだ。その適任となる人物が重永社長だった。精亮氏の言葉を受けた重永社長は夫を支援することを決意した。

関西化研工業に勤めて良かった

こうして一九八九（平成元）年に重永社長は専務として入社した。しかし、詳しい業務内容はほとんど分からなかった。だから、最初は「何もセンム」と自嘲《じちょう》しながら、勉強を重ねていった。そして、経理担当としてコスト削減に取り組んでいった。会社は順調に成長しているが、その時期だからこそコスト削減で筋肉質の会社にすることが必要だと考えたのだ。交際費の見直しなどのコスト削減は第一線の営業担当者にとっては「苦言」である。しかし、その苦言をあえて口にする役割を重永社長は担ったのである。

「だから、営業担当者からは『カット専務』と疎《うと》んじられましたね」

重永社長は笑いながら語った。

その一方で、従業員の意欲を高めるために目標達成時のボーナスをアップさせた。それまでの目標は非常に高く、ほとんどの従業員は最初から達成をあきらめていた。それを従業員と話し合って実現可能な目標に変えるとともに、達成するとボーナスを増額することにしたのだ。その決断には重永社長のある思いがあった。それは家族への感謝の気持ちだ。

「営業担当者は月曜日から金曜日までほとんど出張です。その間、奥さんは家庭を守らねばなりませんし、寂しい思いもします。そんな奥さんや家族の人たちに『関西化研工業に勤めて良かった』と思っていただきたいと考えたのです」

頑張ればボーナスアップの夢が実現し、妻や家族からも喜ばれる。そうした仕組みをつくることで、重永社長は社員の就労意欲を高めていった。その結果、会社全体の業績は急激に向上するとともに、退職する人もほとんどいなくなった。

異業種交流で新規事業を開拓

精亮氏の後を継いで会社のかじ取りを任された重永社長がまず考えたのは事業の多角化であった。これまではオイル添加物などの自動車関連製品の製造販売で業績を伸ばしてきた。その市場はまだまだ成長が期待されるが、将来的には飽和することも予想され、今の時点で新しい事業を模索することが重要だと考えたのだ。

といっても、これといったヒントがあるわけでもないし、仕事で付き合いのある人はほとんど自動車関連の人たちで、そんなことを相談できる雰囲気ではなかった。そんな時に偶然手にしたのが「感性を磨く十か条」という紙切れだった。そこには、「素直な心を持つ」、「机上で考えずとにかく現場へ行く」、「インスピレーションを大切にする」といった十訓が書かれていた。

「お恥ずかしい話ですが、誰の訓話なのか分からないのです。ただ、十数年前、小さな紙切れに書かれていたこの言葉を目にした時、私にはとても大切なものに思えました。だからこそ、今でもこうして額に納めて毎日自分に言い聞かせるとともに、社員にも浸透させています」と重永社長は振り返った。その一文にあったのが、「異業種の人との交流を大切にする」だった。重永社長は、その言葉に励まされて、いろいろな分野の人と接するようになった。

事業の多角化とともに商品も着実に増えている。（撮影：村上征雄）

　異業種交流から生まれたのが微生物の力で浴室などのカビを駆除する「バイオパック」だ。これはある会社の社長が特許を取得したものであるが、それを知った時、重永社長はすぐに商品化を決断した。毎日家事を続けている主婦にとって、この商品は画期的なものだったのだ。

「ものづくりに一番大切なのはお客さまのニーズにあった製品を開発することです。その点でピッタリの製品だと判断したのです」

　重永社長は、生活事業部を新設し、自らバイオパックを手に販路の拡大に取り組んでいった。すでに付き合いのあるガソリンスタンドなどでも販売してもらったが、ドラッグストアーなどの新しい販路も拡大しようと考えたからだ。その結果、既存のカビとり商品に比べて高額であるにもかかわらず、バイオパックは着実に売り上げを伸ばしている。

また、レンジで温め、そのまま使える「夢たんぽ」も販売している。これは、表面は熱くならずに温かさを十時間以上キープする特殊な蓄熱素材を使ったもので、電子レンジに入れて十分間加熱するだけで使えるものだ。低温やけどの心配もなく、電気代も少なくて済むため、女性を中心に人気が高まっている。

同じ志を持つ従業員と楽しく働く

関西化研工業は日本のモータリゼーション化とともに成長を続けてきた。しかし、モータリゼーションも大きな変革の時代を迎えようとしている。自動車の動力源が、ガソリンから電気や水素に代わる時代が近づいているのだ。その一方で、原油高によるガソリンの販売不振や、ガソリンスタンドのセルフ化による自動車関連製品の販売伸び悩みといった課題も浮上している。そうした変革の時代を迎えるなかで、重永社長は三つの事業を柱に経営していこうと考えている。まず一つは創業以来の自動車関連製品であり、二つめは新しい柱として成長している生活事業製品である。

そして、三つめの柱は環境事業で、その基本コンセプトは再利用だ。例えば、自動車冷却水用の「クーラント」にしても、主成分であるエチレングリコールは劣化しないのに、クーラントが劣化すると新品と交換している。そこで開発したのが、劣化したクーラントの中の不純物を特殊フィルターで除去し、特殊添加剤を注入することで再生・再利用を可能とする「クーラントリサイクラー」である。

「こうした機械を開発することで、何よりも貴重な資源を大切にできますし、ガソリンスタンドにとっても新しい収益を得るビジネスにできます」

重永社長は製品のカタログを手に力強く語った。こうした関西化研工業の開発姿勢には多くの石油元売関連会社も賛同しているという。

女性従業員がてきぱきと電話に対応する事務室の壁にはハガキで埋め尽くされたようなポスターが貼られていた。それは、関西化研工業の製品を利用したドライバーからのアンケートハガキだ。

「自分で切手を貼って投函《とうかん》してくれたハガキです。このポスターは、これほど利用者に満足してもらっていることをアピールするものであるとともに、自分たちの誇りや自信、さらには利用者を裏切らない責任感を醸成《じょうせい》するためのポスターでもあります」

女性従業員と一緒の写真撮影をお願いすると、女性従業員たちはさっと重永社長を囲むように輪をつくった。輪の中の重永社長の表情は、同じ志を持つ従業員と楽しく働ける喜びに満ちているようだ。

関西化研工業株式会社　http://www.kanasaken.co.jp/
資本金：2,000万円　従業員数：25名　売上高（直近年度）：5億5,000万円

第二部

光る企業・技術

高性能の石膏《せっこう》ボード分別処理機を開発する

株式会社細田企画（鳥取県南部町）

メカトロニクスの総合コーディネーター

近年、ゴミの分別化や産業廃棄物の処理問題など、資源リサイクル問題への関心が特に高まっている。こうした分野のうち、建築廃材の石膏ボードの分別処理機を開発して注目されているのが株式会社細田企画だ。

細田企画は機械、金属、窯業、電気部品、化成品、繊維、食品など幅広い分野の機械設備の設計・製作を主力事業としている。その業態は大量生産型のメーカーではなく、企業に対しコンサルティングを行い、省力化やコスト削減のニーズに応える製品を設計・製作することをビジネスとしている。すなわち、企業の省力化等のニーズを実現するために必要な機械設備を開発し、生産に関する改善を提案する会社である。

それは機械設備の設計および製作を行うメーカーでありながら「企画」を社名にし、メカトロニクスの総合コーディネーターと自称していることにも表れている。

優れた技術をもとに独立

細田企画が設立されたのは一九八七（昭和六十二）年である。鳥取県米子市の鉄工関係の企業に勤務していた細田稔社長は、景気低迷による人員削減に伴い、部下の再就職先を探すこととなった。

多くの企業を回る中で、機械の修理やメンテナンスなど、さまざまな相談を受け、各企業が多くの問題を抱えていることを知った。その後、その時の経験から修理・メンテナンスの分野で自らの技術を生かし独立を決意した。

独立後、米子市近辺の同じ業界の中では、既に細田社長のことを知っている人も多く、機械設備の修理やメンテナンスなどの依頼を受けることができた。修理を請け負うに当たって、細田社長は自分自身の技術力を売り込んだ。修理をするにしても、直すだけでなく、故障が再発しないような工夫をしていた。また、なぜ機械が故障するのかという問題について、コンサルティングを行い、故障しないための提案を行っていった。

修理の際にこうしたことを心掛けるうち、次第にコンサルティングの仕事が入ってくるようになった。こうして時間をかけながら培った仕事の実績により、企業としての地歩を固めていくことができたのだ。

同社のコンサルティングは省力化ニーズに対し、現状の機械設備の効率をいかに向上させるかだけではない。「工場で何をどうしたいか」という目的を明確化し、従来のやり方にとらわれない機械設備の改良を目指している。

その目的を実現するために、生産工程そのものの見直しから、新しい機械設備の開発、工場のレイアウトの見直しにまで及ぶこともある。

設計料を取らない製品開発と独自の営業

細田企画は自社の技術に絶対の自信を持っており、その技術力をベースとした経営を行っている。その経営方針とは、①基本的に受注は新規開発のみとする、②受注に際し、設計料を取らず、同社の考える機械の適正価格に応じた製品を開発する、③設計は全面的に任せてもらう、などである。

また、営業についても独自の方法で行っている。全国的な代理店契約も行っているが、それよりも展示会を営業の機会として重視する。

その一つが、毎年、東京ビッグサイトで開催される「ニュー環境展」への出展だ。この展示会の来場者は何らかの問題意識を持っていることが多いことから、来場者のニーズを聞き出し、アドバイザー的仕事を行っている。

相談が自社製品以外の機械設備に関するものであっても、問題解決に適した機械などを紹介する。こうした的確なアドバイスにより信頼を獲得し、自社製品の受注やコンサルティングの仕事にもつながっているという。

石膏ボードを分別処理機に入れる細田社長（撮影：白根俊彦）

石膏ボード分別処理機の開発

こうしたなかで、依頼された相談に石膏ボード分別処理機の開発があった。従来の機械は導入のために工場増築が必要なほど大きく、その上価格が高かった。その一方で処理能力は十分ではなかった。

この問題解決のため、従来の機械とは全く別の発想で開発に取り組んだ。しかし、当初の売れ行きは芳しくなかった。売れない原因は、従来品に比べ非常に小さく、外観上、巨大な他社製品に比べ処理能力や耐久性が劣るようにみえることにあった。

そこで、東京ビッグサイトの展示会場で一日中、機械を稼働し続けるデモンストレーションを行うこととした。デモンストレーションにより、実際にその優れた処理能力を見てもらうことが営業上極めて有効な戦略だったのだ。

こうした方式は実績を挙げ、現在では展示期間中に十台以上の受注見込みにつながるという。

ニュービジネス大賞の受賞と展望

この石膏ボード分別処理機は二〇〇〇（平成十二）年の開発・販売開始から急速に売上を伸ばし、その販売先は全国百八十社に及んでいる。販売好調の理由としては、従来のものに比べ著しく小型化したにもかかわらず、処理能力が高く、スピード処理が可能であること、さらに、ホコリや振動が少なく、紙混入率が極めて低い粉を精製できる上に、省電力であるなど、従来品の問題点を克服したことにある。

こうした製品の技術に裏付けられた販売実績は高く評価され、二〇〇三（平成十五）年には中小企業庁長官賞を、二〇〇四（平成十六）年には第十二回中国地域ニュービジネス大賞、中国経済産業局長賞も受賞した。

細田企画は既に全国にある石膏ボード分別処理機の三〇％以上のシェアを獲得していると

見込んでいるが、さらなるシェア拡大を目指し時間当たり五トン処理の機械の販売も始め、着々と実績を伸ばしている。石膏ボードの処理は産業廃棄物のリサイクルとして行政からの補助金が得られるなど、産業廃棄物関係企業にとっても有望な分野なのである。

細田企画へは現在もさまざまな技術的な相談が持ち込まれている。それも高い技術力に裏打ちされた提案力への信頼の証しである。それはまた、細田企画のさらなる発展の可能性を示している。

株式会社細田企画　http://www.h-circus.com/
資本金：1,000万円　従業員数：20名

天然鉱物で抗ウイルス素材を開発する

鳥取大学
株式会社モチガセ
（鳥取市）

人類の脅威となっている新型ウイルス

二〇〇三（平成十五）年に世界各地で多くの死者を出したSARS（重症急性呼吸器症候群）や、直接感染によって死亡者まで発生している鳥インフルエンザウイルスなどの新型ウイルスが世界の大きな脅威となっている。新型ウイルスは、最初は動物間の感染にとどまっているが、やがて動物から人間へと感染するようになり、その次には突然変異によって人から人へと感染する新型が誕生すると危惧《きぐ》されている。

実際、世界保健機関のナバロ博士は、現在世界で発生している鳥インフルエンザウイルスが人間同士で感染する新種に変異する可能性は高く、その場合には世界で最大一億五千万人が死亡する恐れがあると警告している。まさに、新型ウイルスの感染予防は人類にとって喫緊の課題なのである。

こうした感染予防に大きな効果を持つ新素材が鳥取市の株式会社モチガセと鳥取大学の産学共同で開発され、大きな注目を集めている。

天然鉱物ドロマイトの研究

モチガセは一九六七（昭和四十二）年の創業で、コンプレッサー・モーターの巻線加工などを事業の柱としている。その一方で、ダイオキシンの発生を抑制する遠赤外線焼却炉も開発しており、そこで着目したのが焼却炉に使用していた天然鉱物のドロマイトだった。ドロマイトは、健康食品にも使われている、安全性の高い原料である。

「抗菌とダイオキシン抑制の両面からドロマイトを科学的に研究しようと思ったのです。そこで、県から中小企業創造活動促進法の認定を受けて資金面での支援をいただくとともに、三十歳前の若い従業員を鳥取大学農学部の大槻《おおつき》公一教授の研究室に社会人学生として派遣しました」。モチガセの若林一夫社長は共同研究の始まりをこう説明した。

こうして共同研究は一九九八（平成十）年にスタートし、五年後にはダイオキシン抑制についての研究目標をほぼ達成することができた。それとともに、経済産業省の「即効型地域新生コンソーシアム研究開発事業」の採択を受けて、ドロマイトの加工技術のレベルアップと開発センターの建設に取り組んでいった。

ドロマイトに高い抗ウイルス機能

そうしたなかで、二〇〇三（平成十五）年に大槻教授からある提案がなされた。それは、ドロマイトには抗ウイルス機能があり、それを研究してウイルス感染の防止に役立てようということだった。大槻教授はウイルスの研究者で、特に鳥インフルエンザウイルスについては日本を代表する研究者である。当初は抗菌とダイオキシンをテーマに研究していたが、その過程でウイルスにも大きな効果が期待できることが判明したのだ。

その年にはSARSが世界中で猛威を振るっていた。大槻教授は、SARSはすぐに沈静化するが、その後に鳥インフルエンザが発生すると警告した。しかし、その感染防止の決定打はなかった。そこで着目したのがドロマイトの抗ウイルス機能だった。

モチガセはさっそく抗ウイルスの研究に特化した。その時に大きな力となったのが、地域コンソーシアムで構築してきたドロマイトの加工技術だった。レベルアップした加工技術によってドロマイトの抗ウイルス機能をより高めることができたのだ。

こうして、二〇〇三（平成十五）年九月にはドロマイトをナノテクノロジー（超微細技術）で特殊加工した新素材を開発し、翌年三月には抗ウイルス不織布《ふしょくふ》マスク「バリエール」を製品化した。さらに、二〇〇五（平成十七）年には、モチガセと鳥取大学、大和紡績株式会社の共同研究で、新素材を使った新しい「抗ウイルス不織布」を開発した。この抗ウイルス不織布には、鳥インフルエンザウイルスの数を一分間で九九・九九％減少させる効果があり、まさに画期的な「抗ウイルス不織布」である。

天然鉱物ドロマイトと、それを使った抗ウイルス商品（撮影：城市創）

産学官連携で人類を守る

こうした抗ウイルス不織布を使ったマスクは、民生用や医科用、感染時の非常事態に備えた備蓄用として販売されており、人間への鳥インフルエンザウイルスの感染が報じられた二〇〇五（平成十七）年には二百五十万枚の注文が寄せられた。その注文には十分応えられなかったことを踏まえて、モチガセは販売だけでなく、製造にも取り組む計画だ。

「大学に従業員を派遣する時は、社内からも批判がありました。しかし、大学との共同研究は投資だと考えてきました。また、小さな企業が共同研究を進めるためには、国や県などからの公的支援が不可欠です。その意味で、良い形で産学官の協力関係を構築することが必要だと思います」と、若林社長は言葉を続けた。
地元の企業と大学の共同研究、それを支援し続けた公的機関。それが生み出した抗ウイルスの新素材は、生命を脅かす新型ウイルスから人類を守る役割を期待されている。

株式会社モチガセ　http://www.mochigase.co.jp/dd.aspx

医療福祉機器で障がい者などの自立促進を目指す

キシ・エンジニアリング株式会社（島根県出雲市）

医療福祉機器で注目される会社

機械製造業の中で、今後一層成長が期待されるとともに、障がい者や高齢者の生活をしっかりと支え、なくてはならない分野に医療福祉機器分野がある。この医療福祉機器で注目されているのがキシ・エンジニアリング株式会社だ。

キシ・エンジニアリングの主要な事業分野は産業機械・ロボット製造である。その一方で、医療福祉機器にも進出し、障がい者や高齢者の自立を促すとともに、その介護者の労力も軽減させる製品の開発を行い、新たな製品を次々と市場に送り出している。

キシ・エンジニアリングが設立されたのは一九八五（昭和六十）年。創業者である岸征男社長は、農業機器メーカーの研究所で新製品の研究開発に十五年間従事した。その間さまざまな新製品の開発に携わり、製品開発力に自信を深めた。その後、農業機器メーカーを退職し、電気工事会社勤務を経て、現在の会社の創設に至っている。

創業当初は、元の勤務先である農業機器メーカーの協力会社として設計の仕事を手伝いながら、産業機械分野に進出した。これには岸社長の旺盛な好奇心と、農業機器メーカー時代に培った、持ち前の新製品開発力への自信があった。

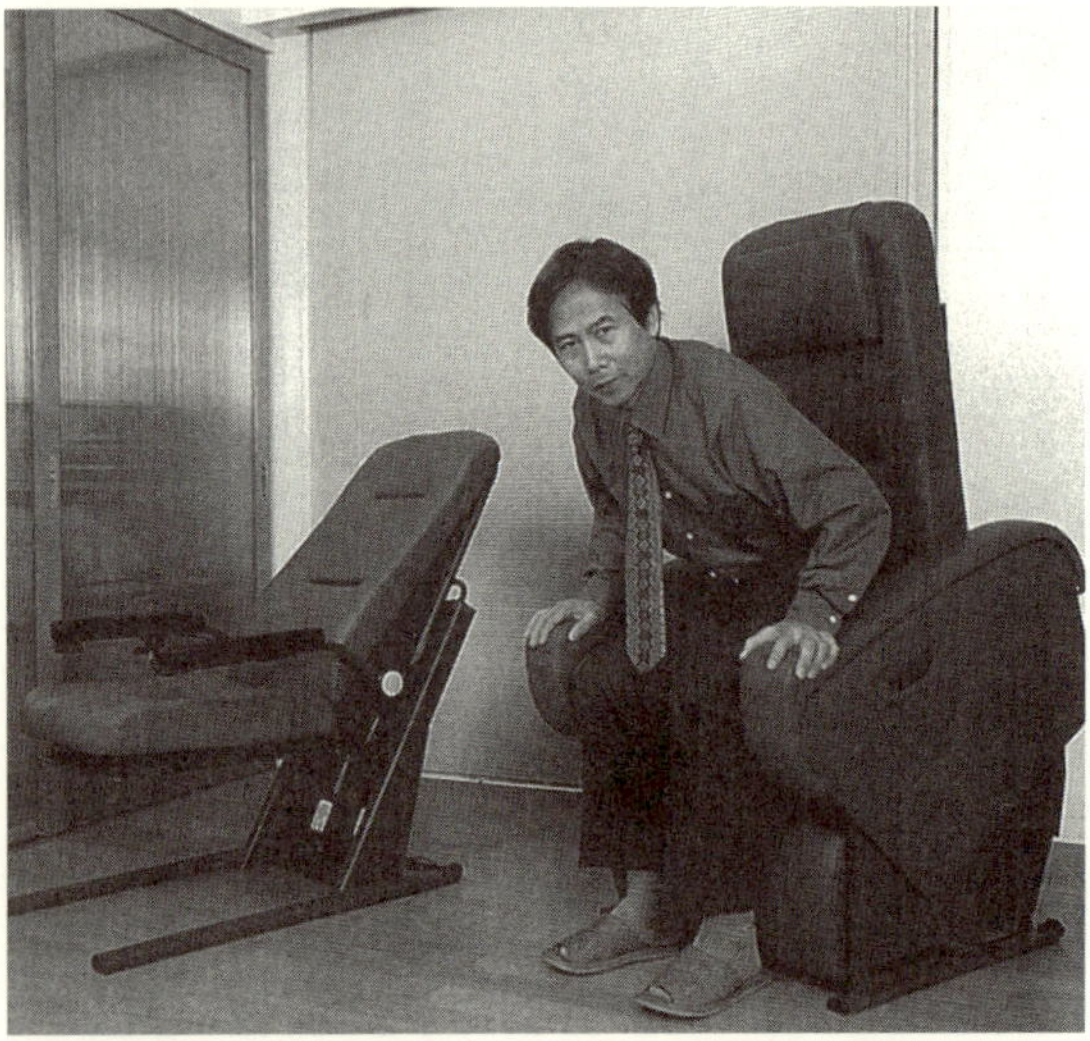
開発した医療福祉機器を操作する岸社長（撮影：古川誠）

「農業機器メーカー時代に、自分の仕事以外にも社内の他部署の製品などにかかわってきたことが役に立っています」と、岸社長は語っている。機械分野での幅広い経験が岸社長の研究開発力の源泉となっているのだ。
その後着々と実績を重ね、現在では自動車関連分野などから多くの受注をするなど、安定した経営を行っている。

医療福祉機器分野への参入

キシ・エンジニアリングは、大量生産の

ための製造設備を持たないファブレス企業である。それによって大規模設備投資や多数の従業員雇用を不要としている。製品の生産工程はすべて外部へ完全委託し、社内で行うのは開発設計と生産設計、最終的な組み立ておよび出荷前の検査のみである。これも同社が優れた研究開発力に特化することで差異化を図っているためといえる。

キシ・エンジニアリングが医療福祉機器分野に参入したのは一九八七（昭和六十二）年である。きっかけは岸社長の娘さんが七カ月の時に医療事故により脳障がい者となったことだった。治療のために、岸社長が娘さんを米国の研究所に連れて行ったことから始まり、現地の関係者とのつながりから障がい者用の人工呼吸器開発に取り組むこととなった。

開発したのは、脳障がい者が呼吸をトレーニングする「呼吸器トレーナー」で、米国の人間能力開発研究所で採用され、同時に同研究所を通じて、世界中で既に約一千台が販売されている。

この機器は、脳障がい者やその介護をする家族に大きな救済を与える結果となり、その功績に対しては、ブラジルのリハビリ中央研究所から感謝状も受けている。

岸社長は、こうした自らの介護体験を通して障がい者の自立の重要性を実感し、主として障がい者や高齢者の自立を促すことを目的とした機器の開発を目指し、医療福祉機器分野に本格的に参入することとなった。

コンセプトは自立の促進

医療福祉機器分野へは大手企業も参入しているが、この分野では実際に介護に当たった者でなくては分からない専門的知識が必要である。また、販売は福祉機器販売会社などを通じて行われるため、大手企業の製品が必ずしも市場で大きなシェアを占めているとは限らない。

そこでキシ・エンジニアリングの製品のコンセプトである、障がい者や高齢者の自立を促すとともに、介護者にとっても労力を軽減させる機能面の優位性が強みとなる。例えば、車椅子の座席が電動で上下に動かせる車椅子機器「リフティー」はそのまま座椅子のように使うことができ、逆に健常者と同じ目線にするために座席を高くする機能を持つ「リフティーツーハイ」は、障がい者が健常者と同じ目線で美術館を楽しむことも実現させた。

また、高齢者が介護者の手を借りることなく立ち上がることのできる、立ち上がり補助椅子「らくらく」もある。そのほか障がい者や高齢者が介護者なしで出掛けられるキャビン付電動四輪車「キャビー」や、車椅子ごと乗ることのできる電気自動車「リフロ」も開発するなど、利用者側に立った、優れた製品のラインナップには感心させられる。

こうした医療福祉機器分野にも中国から安価な製品が入ってきており、キシ・エンジニアリングが国内製造だけで採算性を確保するのは厳しい状況にある。そのため、部品数の削減などの原価低減に取り組み、効率化を図ることで利益を上げる工夫を行っている。

しかしその一方で、介護保険の適用によりレンタルでの同社製品の活用など、新たな可能性も出てきている。キシ・エンジニアリングは産業機械分野を収益の柱としながら、これからも医療福祉機器分野で障がい者や高齢者、さらに介護者がともに安心できる、優れた製品の開発を進める方針だ。

機能に優れるとともに利用者や介護者に優しい製品群からはさらなる発展への期待がわいてくる。

キシ・エンジニアリング株式会社　http://www.kishieng.co.jp/
資本金：1,000万円

調湿木炭の機能を生かしてマーケットを開拓する

島根大学
出雲土建株式会社
（出雲カーボン株式会社）
（島根県松江市・出雲市）

建設リサイクルから木炭に着目

同緯度の国々の中では群を抜いて年間平均降水量が多い日本。その中でも、東北・北陸・山陰は年平均で高い湿度を示し、特に七月には八〇％を超える湿度となる。

その影響を大きく受けているのが住宅などの床下である。かつて通気性を良くするためには床下を高くしていたが、現在は建築コスト削減の追求などにより床下が低くなり、風通しが悪くなっている。そのため、床下の湿度は高い場合には九五％にもなり、カビやシロアリが大発生しやすくなっている。

それを防ぐ建材として注目されてきたのが床下調湿木炭「炭八《すみはち》」で、開発を手がけたのは本社が出雲市にある出雲土建株式会社である。

出雲土建は建設とともに解体工事を行っていたが、建設資材の再資源化を図る建設リサイクル法が施行されるのに伴って、解体工事から生まれる廃木材のリサイクル用途を研究していた。

全国各地の再資源化工場などを視察するなかで着目したのが、リサイクルされた木炭だった。床下調湿木炭を製造している企業は全国各地に数多くあったが、マーケットはまだ伸び悩んでいた。

「住宅の床下に木炭を入れることが昔から行われていることを知り、カビやシロアリなど床下が抱えている問題を解決できればマーケットは大きいと思い、木炭製造の事業化に踏み切りました」。こう語るのは出雲土建の石飛裕司社長である。石飛社長は、若い頃は住宅の水道や空調工事に携わっており、床下がカビだらけになっていることも熟知していた。

いつでも現場を見てもらえる

床下の調湿に木炭が効果的であることは経験的には分かっていても、それを科学的に評価・分析しなければ製品の信頼性は得られない。そこで島根県に相談した結果、紹介されたのが島根大学産学連携センターの北村寿宏《としひろ》教授だった。

北村教授はもともと製鉄会社の研究者である。ダイオキシンなどを吸着する木炭の製造について研究しており、島根大学の教授になっても研究を続けていた。

石飛社長はさっそく北村教授に依頼して共同研究をスタートさせた。「産学官連携を進めるためには、いつでも現場を見てもらえることが重要で、その意味でも地元の大学との連携が大切だと思いました」と、石飛社長は振り返る。出雲土建と島根大学の共同研究は着実に進み、共同研究がスタート（平成十四年一月）してから九カ月後には特許を出願した。

床下に敷き詰めることで快適な居住空間が得られる。
（写真提供：出雲土建）

出願した特許の内容は、調湿機能を引き出す木炭の製造技術と、そして、床下調湿材の製品としての特許である。木炭に調湿機能があるといっても、どんな木炭でも機能を発揮するわけではなかった。実際、粉末にした木炭を袋詰めにした商品もあったが、粉だけでは通気性が悪く、逆に湿気を溜め込んでしまい逆効果になっていた。そこで、北村教授の指導により、より高い調湿効果を得るための木炭の粒度《りゅうど》と炭化製造条件を確立した。

さらに、チップ状の木炭を入れる

袋についても、炭の粉が出て作業条件が悪いという従来品の課題を解決し、なおかつ透湿性の高い袋を使用するという内容で二〇〇六（平成十八）年一月には特許証書を受理した。

必要なのは全体のマネジメント

「今回の産学官連携が非常に早く進み、確実に成果を得られたのは、石飛社長自身が直接関わったことが非常に大きいと思います」と、北村教授。というのも、産学官連携の基本は、何が必要で、そのためにどこと一緒にやっていくかである。したがって、事業を進めたいと思っている人が全体をマネジメントすることが最適であるからだ。

調湿木炭の製品化も例外ではない。これまで、木炭や調湿に関する各分野での研究は盛んに進められてきたにもかかわらず、用途を特定し、品質、能力を保証する建材製品としての確立が遅れてきたのは、これらの無数のノウハウ、研究成果をつなぎ合わせ、マネジメントを行おうとする人間が少なかったためと考えられる。

「炭八」の場合、社長自らが研究に関わったことも大きい。共同研究を進める上で重要なのは、開発している製品のマーケットが大きく、そのニーズにマッチしているかどうかをスピーディーに判断することだ。判断する人がマーケットと消費者のニーズを深く追求しなければ、判断は遅れてしまい、結果的に他社に抜かれてしまうこともある。

建材以外にも新しいマーケット

「調湿木炭は『炭八』の商品名で、関連会社の出雲カーボンから販売しています。それも、他社のようにホームセンターやネットでの販売ではなく、建材ルートを通じての販売です。これによって、住宅の新築やリフォームなどのマーケットに効率的に普及させることができます」と、石飛社長。

調湿木炭は住宅の調湿作用により新たな効果を発揮すると注目されている。その一つが、ダニやカビなどが重要な増悪因子の一つであるとされているアトピー性皮膚炎・小児気管支喘息などに対する効果である。湿度を適切に保つ調湿木炭はダニやカビの繁殖を少なくする効果がある。

アトピー性皮膚炎については、島根大学医学部の森田栄伸教授と共同研究を続けており、二〇〇五(平成十七)年に開催された日本皮膚アレルギー学会では「住居への木炭敷設《ふせつ》が有用である可能性が示された」という研究発表も行われている。

産学官連携から誕生した調湿木炭は、共同研究の展開によって、その用途とマーケットをさらに拡大しようとしている。

出雲土建株式会社　http://www.i-doken.co.jp/

インサートチップ刃で製材業の発展を支える

有限会社 岩崎目立加工所（島根県大田《おおだ》市）

ノコの切れ味を守る「目立《めたて》」

製材所で丸太などを切るために使われる帯ノコは、薄いエンドレスの帯状鋼板にノコ歯を刻んだものである。帯ノコが開発されたのは約一世紀前であるが、人力でひく手ノコではとても切ることができない木材をスムーズに切ることができるため、現在ではほとんどの製材所に導入されている。

しかし、いかに機械で切るといっても問題はある。木材を切るたびに切れ味が悪くなってしまうのだ。そのため、ノコの歯先などをメンテナンスすることが必要となる。それが「目立」という仕事で、ほとんどの製材所には目立士と言われる職人がいる。

この目立で画期的な技術を開発し、世界の製材業者から注目されているのが有限会社岩崎目立加工所である。岩崎目立加工所は一九八〇（昭和五十五）年の創業で、岩崎義弘社長は二代目である。

電気溶接に代わる新しいノコ歯の開発

「帯ノコ製材は科学的に解明されていない部分が多く、目立技術も経験でしか継ぐことができません。それでは産業として発展することは無理です。そこで、目立の作業をマニュアル通りにできるようにしたいと考えたのです」と、岩崎社長は開発の目的を説明してくれた。

目立で特に重要なのはノコの歯先のメンテナンスである。木材を切ることによって歯先にある「アサリ」が摩耗し、切れ味が悪くなってしまうのだ。アサリとは、木材との摩擦を少なくしオガクズの排出を容易にするために、歯の先が交互に外側にそれていることをいう。

初期のころは、切れ味が悪くなるとヤスリで歯を研いで鋭くし、アサリを修正して切れるようにしていた。その後、一九五〇年代に入ると、ガス溶着によってコバルト鋳造《ちゅうぞう》合金を歯先に肉盛りし、削り出してアサリを成形するようになった。これによって、従来に比べると切れ味は低下するが、長時間の製材が可能となり、日本中に普及していった。

さらに、一九八〇（昭和五十五）年ころにはガス溶着に代わって自動の電気溶接が行われるようになり、現在では多くの目立工場や製材所に導入されている。しかし、電気溶接には大きな問題があった。歯先先端部に比べて内部の硬度がかなり低下するので、アサリを再研磨するたびに切れ味が低下してしまうのだ。そこで、岩崎目立加工所が取り組んだのが新しいノコ歯の開発だった。

ノコ歯の加工を細かくチェックする岩崎社長（撮影：渡辺りょう子）

地元の素材と技術で完成

「開発に当たっては、溶接する方法ではなく、最初からアサリの形状になっている差し刃を着脱する方法を考えました」と、岩崎社長は語る。しかし、問題は差し刃をどう製造するかだった。当然、高い硬度が必要であるし、厚さも薄い部分は〇・一三ミリメートルという、極細のものにしなければならない。

岩崎社長は、財団法人しまね産業振興財団の支援を受けながら、島根大学などと共同で研究開発を進めた。その結果、金属粉末射出成形技術でアサリの完成形状のチップを製作することを考案した。しかし、その方法で製造できる企業はなかなか見つからなかった。

そのことを県に相談すると、県内の大手金属メーカーを紹介された。その金属メーカーは、伝統の製鋼技術を受け継ぎ、最新の設備で鋼を製造しており、内視鏡のメスなども製造していたのだ。

こうして二〇〇三（平成十五）年に、地元のヤスギハガネを素材にした長さ八ミリメートル、厚さ二・二ミリメートルの「インサートチップ刃」を完成させた。インサートチップ刃は、高い硬度と密度によって、従来に比べて連続製材時間が二倍以上となっている。そのため、製材機の帯ノコ交換回数が半減し、作業の効率化や帯ノコの在庫の減少など、コストダウンに大きく貢献できる。

島根から世界の市場を開拓

「一概に木材といいますが、その種類は非常に多いです。したがって、木材の組成に合うインサートチップ刃を開発してほしいという注文が、日本だけでなく海外の製材会社からも寄せられています」と、岩﨑社長は語る。

実際、工場に入ると、世界から届けられた開発試験用の材木が所狭しと並べられている。半世紀以上も技術的に進歩がないと言われた帯ノコの分野での新開発に、海外でも評価が高まっているのだ。

インサートチップ刃の開発によって、岩﨑目立加工所は二〇〇四（平成十六）年に日本木材加工技術協会市川賞を受賞した。この賞は、木材産業の発展に寄与した業績に贈られるものだ。
経験に頼ってきた目立をマニュアル化し、産業として発展させたい。そんな思いから開発されたインサートチップ刃は、島根から日本へ、さらに世界へと市場を開拓している。

有限会社岩崎目立加工所　http://metate.co.jp/
資本金：350万円

遠隔操作のロボットで地域医療を支える

島根大学
山陰電工株式会社
有限会社小村産業
株式会社ワコムアイティ
（島根県出雲市・松江市）

自由自在に遠隔操作ができるロボット

疾患などで長期入院している児童の大きな不安の一つは学校の授業を受けられないことである。そんな不安を少しでも解消するために院内学級を設置している病院もあるが、残念ながら授業内容は十分に満足できるものではない。児童には、同級生と机を並べ、先生の話を一緒に聞けるような「場」が不可欠なのだ。

そうした課題を解決するために産学官連携で開発されたのが双方向遠隔通信システム「ミュー太」である。開発したのは島根大学医学部と山陰電工株式会社、有限会社小村産業、株式会社ワコムアイティで、出雲市も助成などを行っている。島根大学医学部の前身は一九七五（昭和五十）年に開設された島根医科大学で、二〇〇三（平成十五）年の島根大学との統合で現在の機構に変わった。

開発のきっかけとなったのは、二〇〇三年に島根医科大学医学部付属病院の花田英輔准教授が島根医科大学地域医学共同研究センター（現在は産学連携センター）に双方向通信ロボットの活用を相談したことだった。花田准教授は情報工学や通信工学などを専門とする工学博士で、付属病院では医療情報などを担当している。

花田准教授の双方向通信ロボットは自由自在に遠隔操作ができるロボットで、これを利活用すれば入院している児童があたかも教室で授業を受けているような体験ができるというものだった。

「さっそく近くの塩冶《えんや》小学校と出雲市に相談した結果、両者とも非常に協力的でした。また、企業も積極的に参画してくれて、産学官の共同研究がスタートしました」

こう語るのは産学官連携の窓口となった島根大学産学連携センターの中村守彦教授である。島根大学産学連携センターは松江市の「テクノアークしまね」と出雲市の医学部内の二カ所に設置されているが、中村教授は医学部内の専任スタッフである。産学連携で医学系の専任教授がいるのは全国で島根大学だけである。

児童の「代理人」の役割を果たすロボット

共同研究のテーマは「院内学級向け児童エージェントロボットの開発」である。「エージェント」という言葉を使ったのは、ロボットが児童の「代理人」の役割を果たすことを強調するためである。

開発されたミュー太のシステムは、病院と学校に設置したテレビ付きの端末機をインターネットで接続し、病院側の端末機にあるコントローラーを操作すれば、学校側の端末機にあるカメラが上下左右に旋回し、病院の児童が見たい場所を映し出すことができるものである。また、オプションの液晶タブレットを使えばプリントのやりとりや書き込みなどもできるし、挙手したい時にはランプで教室のみんなに知らせることも可能である。

島根大学医学部ではミュー太を使った授業も行ったが、予想以上に学校側の負担も大きく、定期的に行うにはまだまだ課題も多かった。しかし、ミュー太を実用化することによって、医療そのものへの活用も検討された。そこで着目したのがミュー太を使って遠隔医療を行うことだった。

遠隔医療への活用で地域医療を支える

医師不足は日本全体の課題となっているが、島根県でも西部や隠岐、中山間地では深刻な状況になっている。そこで、このシステムを活用して、専門医のいない病院と島根大学医学部に端末機を設置し、患者さんを地元の病院で診察しようというのだ。

例えば、皮膚に疾患がありながら地元の病院に専門医がいない場合、患者さんは地元の病院内で他科の医師と一緒に端末機の前に座る。一方、島根大学医学部では皮膚科の専門医が端末機の前に座り、コントローラーを操作したり、マイクで問診などをして患部を診断し、他科の医師にカルテを書いてもらう。

この場合、医師法では医師免許を持っていれば医療行為はできるため、法律的にもこうした遠隔医療には問題はない。それ以上に、患者さんにとって隣に医師がいることが大きな安心感につながっている。

島根大学医学部では、すでに益田市と隠岐の島町、大田市、邑南《おおなん》町の病院に端末機を設置し、医師不足のなかでの地域医療に大きく貢献している。

教室の雰囲気を出すように木材を使ったミュー太
（撮影：城市創）

産学官連携の取り組みを生きた科学にする

こうしたミュー太の機能は高く評価され、中小企業異業種交流財団が募集した二〇〇七年度異業種交流成果表彰で優秀製品賞を受賞した。成果表彰は一九八九年度に始まったが、山陰両県での受賞は初めてである。

「こうした産学官連携の取り組みを生きた科学にすることも産学連携センターの重要な役割だと考えて、高大連携にもつなげています」と、中村教授は言葉を続けた。

近年では高校生の理科離れが指摘されている。そこで、少しでも科学に興味を持ってもらうために、理数系の高校生に実際にミュー太を操作してもらうとともに、開発者に講義してもらっているのだ。

参加した高校生たちには非常に好評で、強い関心を持って講義を受けている。また、引率する教師にも強いインパクトとなり、理科教育のモデルにしたいという声も寄せられている。

産学連携センターでは、こうしたフィールド学習を行うことによって、一人でも多くの生徒に医学の興味を持たせ、最終的には地域医療を支える人材育成にも貢献したいと考えている。

長期入院の児童のために開発されたミュー太は、関係者の熱意に支えられながら、高校での理科教育や地域医療そのものにも貢献しようとしている。

発泡スチロールの加工技術で新事業を開拓する

株式会社
マリンフロート
（岡山市）

発泡スチロール製の建築用装飾

欧風のしゃれた窓枠や、大理石のような重厚感あふれる柱など、最近のホテルやオフィスビルは豊かな空間の創造に工夫をこらしている。実は、この窓枠や柱などはコンクリート製ではない。必要な強度を保ちながら、独自の空間を演出するために製作された、発泡スチロール製の建築用装飾品である。この分野でデベロッパーや建設業者などから注目されているのが株式会社マリンフロートである。

マリンフロートの設立は一九八九（平成元）年で、それまでは個人事業として、主に魚の養殖用のブイや浮桟橋などの浮力体を製造していた。浮力体の原料は発泡スチロールであるが、耐久性が弱いために、数年で使えなくなるという問題があった。そこで開発した技術が、ウレタン樹脂で発泡スチロールをコーティングして強度や耐久性を飛躍的に向上させることだった。

「この技術を使った製品はダムの流木止めやマリーナの浮桟橋などに使われるようになりましたが、浮力体以外に用途を広げ、付加価値を高められないかと考えたのです」

こう語るのはマリンフロートの中村俊一社長。それが新事業誕生のきっかけとなった。

既存技術のアセンブリーで新製品を開発

用途拡大を模索していた時、中村社長は、岡山市のナカシマプロペラ株式会社が開発した三次元のCAD・CAMソフトと出合った。CAD・CAMはコンピューターを使った設計・加工システムで、これを使えば複雑な形状でも、コンピューターのデータに従って発泡スチロールを削ることができる。しかも、それまでは採算面から金型による大量生産でなければ対応できなかったが、このソフトを使えば少量生産も可能となるし、大きさや向きを変えることもできる。

中村社長はさっそくソフトを導入したが、それだけでは加工できない。製品の形状などを精密にデータ化する装置や、そのデータに対応して削る加工機械も必要だった。中村社長は、それぞれのスペシャリストと直接会い構想を説明していった。

「最初は皆さん、半信半疑でしたが、構想を説明すると、積極的に協力してくれました。この事業は、私自身が技術を持っていたり開発したのではなく、既存の技術をアセンブリーすることによって誕生したといえます」。製造体制は半年後には構築できた。

ビルの壁面緑化にも応用

荘厳な空間を演出する、はりなどの建築用装飾
(写真提供：スピン、設計：ネオックスデザイン)

こうして開発した技術が注目されたのは、あるテーマパークでの昔の街並みの再現だった。それがきっかけとなり、マリンフロートには建築用装飾や造形品の注文が寄せられるようになった。建築用装飾などに使われていたＦＲＰ(繊維強化プラスチック)素材に比べ、発泡スチロールは納期が短く、コストも安いため、受注は右肩上がりに増えていった。しかし、それとともに同業者も、二次元加工ではあるが、建築用装飾に参入するようになり、価格競争が激しくなってきた。

そこで考えたのが、植物の容器に適している、断熱性が良いといった発泡スチロールの特性を生かして、壁面緑化に活用することだった。発泡スチロールで製作した大きな「プランター」で壁を覆い、そこに鉢植えの植物を並べようというものだ。これにより二酸化炭素の削減にも貢献できる。これは東京の最新ビルにも採用されており、テレビでも紹介された。

課題を解決して社会に貢献する

「その次は、もう一度海に帰ろうと考えています。水産業を見回してみると、船舶のさびや、食品加工場の衛生を維持するための床のコーティングなど、数多くの課題があります。そうした課題を解決するために、新たにマリンコート工法を開発しました」と、中村社長。

マリンコート工法は二十秒で硬化する樹脂を、一〇〇ボルト対応の塗布機で吹き付ける工法だ。これにより、食品加工場の床は、休業することなくコーティングできる。

「みんなが困っていることを解決すれば、社会にも貢献できます。そのためには、現場に足を運び、付加価値を高める事業を考え続けることが必要だと思います」と、中村社長は言葉を結んだ。

海の浮力体からスタートした事業は、素材をコアとし、多様な技術をコーディネートしながら、新しい事業を開拓し続けている。さらに、その延長線にはアグリ産業も視野に入っている。

株式会社マリンフロート　http://www.pnc.or.jp/mfn/
資本金：2,000万円　従業員数：20名

大胆な企画と科学的解析で地下足袋型トレーニングシューズを開発する

岡山大学
岡本製甲株式会社
（岡山市・岡山県倉敷市）

目指すのは他社にない特色ある製品づくり

いかにも精かんな、真っ黒いトレーニングシューズ。よく見ると、つま先が二つに分かれている。これが、岡山県倉敷市の岡本製甲株式会社と岡山大学スポーツ教育センターが共同開発し、二〇〇七（平成十九）年九月から発売している足袋型トレーニングシューズ「バルタンエックス」である。商品名は、形状が特撮テレビ番組のウルトラシリーズに登場するバルタン星人の大きな手に似ていることから命名した。

岡本製甲は、一九六四（昭和三十九）年の創業で、主に野球やゴルフなどのスポーツシューズを製造販売してきた。五年前には、画期的なウオーキングシューズを企画提案し、通信販売で大ヒットとなった。

そのウオーキングシューズは、有名なプロのスポーツ選手のボディケアなどを行っている整体師と共同で開発したものである。プロの選手でも足の故障が多く、整体師がそのケアを続けているなかで、一般の人でも使えるウオーキングシューズを開発できないかと考えたのだ。いわばバイオメカニズムの観点を取り入れたウオーキングシューズである。

このシューズの開発は業界でも注目され、岡本製甲は二〇〇六（平成十八）年には中国ニュービジネス大賞優秀賞も受賞した。「そこで学んだのは、大手メーカーと競合するためには、他社にはない特色を模索しなければならないということです」と、岡本製甲の岡本伸司社長は語っている。

地下足袋で足の筋力をアップ

他社にはない特色ある製品づくりという会社の方針を受けて、その開発に取り組んだのが、岡本社長の長男である岡本陽一氏である。

陽一氏にはあるヒントがあった。それは、大学時代の先輩が野球のコーチを務めている甲子園出場常連野球部では練習に地下足袋を使っていることだった。高校生の脚力が弱くなっているなかで、地下足袋を使うことにより足の筋力をアップさせているのだ。それはプロのコーチも推奨することだった。

その一方で、地下足袋は破れやすく、しかもけがが起こりやすかった。激しい練習にも耐える本格的な地下足袋型のトレーニングシューズが求められていたのである。

陽一氏はさっそく開発に取り組み、試作品を開発した。二〇〇五（平成十七）年のことだ。

「その時に重視したのは、解析・評価によってきちんとしたデータを得て、製品の優秀性を実証することです。それがなければ、圧倒的な販売力を持つ大手メーカーには勝てませんから」と、岡本社長。

つま先が二つに分かれている「バルタンエックス」
（撮影：城市創）

そこで、産学官共同研究などの窓口となっている岡山大学産学官融合センターに相談し、大学のスポーツ教育センターを紹介された。スポーツ教育センターはスポーツを通した地域との双方向の交流を目指しており、さっそく鈴木久雄教授たちとの共同研究がスタートした。

倉敷発のシューズを世界に発信

鈴木教授たちは試作品をもとに、一秒間に千コマ撮影できるハイスピードビデオなどを使って、歩幅や歩調、両足着地時間などの計測・分析を行った。

その結果、指が使いやすいために力を出しやすく、安定性にも優れていることが分かった。さらに、大学の野球部員に実際に使ってもらい、履き心地などを調査した。そして、指の分かれ目の長さや底の厚さなどの改良点を指摘し、製品の品質アップにつなげていった。

こうして開発されたバルタンエックスは二〇〇七（平成十九）年の九月に販売を開始し、インターネットや岡山市内のスポーツショップなどを中心に着実に売れ始めている。

「短期間に大量販売するものではなく、地道に浸透させながら製品づくりのノウハウを蓄積していきたいと考えています」と、岡本社長は今後の展望を語っている。実際、岡本製甲では、バルタンエックスをきっかけに、高齢者や子ども向けといった新しい分野も視野に入れた製品開発に取り組んでいる。

「地下足袋は日本独特のものですが、それを生かした、倉敷発の新しいシューズとして世界に向けて発信していきたい」。こう語る岡本社長の視野には日本だけでなく、世界のマーケットが開けているようだ。

岡本製甲株式会社　http://www.okamotoseiko.com

プラスチック再生測量杭で国土インフラを支える

株式会社リプロ

（岡山市）

遅れている地籍調査に不可欠な測量杭

道路や路地などを歩いていると、ときどき足元に目印のようなものがある。これは測量杭と呼ばれるもので、土地の戸籍となる地籍調査や土木工事などで使われている。これで所有する土地の境界が確定されるため、公共的にも非常に重要なものである。

この測量杭に全国で初めて再生プラスチックを導入し、高い市場シェアを確保しているのが岡山市の株式会社リプロである。

リプロの創業は一九七一（昭和四十六）年である。創業者である岡田巧社長は兄の経営する樹脂包装印刷メーカーに入社していたが、扱っているプラスチックの再生を事業にしようとリプロを設立した。当初は、製鉄所などで使う鉄板用枕木などを生産していたが、そのうち自社企画の製品開発を模索するようになった。そこで着目したのが国土調査に使われる測量杭だった。

日本では一九五二（昭和二十七）年に国土調査法が制定され地籍調査が始まったが、土地をめぐってのトラブルが多いことなどから境界確認が難しく、現在でも地籍調査は国土の約五〇％しかできていない。それに対して欧州各国では一九八〇年代までに全国土の地籍図画が完成し、二度目の調査も始まっていた。それだけ日本の地籍調査は遅れているのである。

「当時の測量杭のほとんどは木製かコンクリート製でした。木製は燃えたり朽ちたりしますし、コンクリート製は丈夫ですが作業が大変です。そうした欠点を再生プラスチックはカバーできます」と、岡田社長は当時を振り返りながら語った。

業界初のＪＩＳ認定で高い信頼性を確保

しかし、問題は再生プラスチック測量杭の安定的な生産だった。当時はプラスチックを再生して測量杭を生産する技術などなかったし、もちろん専門のメーカーもなかった。そのため、破砕から溶融、成型、冷却の一貫システムを独自に開発し、他社よりも安く大量に生産できる体制を構築した。

こうして、リプロは市町村が行う地籍調査にターゲットを絞り、サンプルを持って全国の自治体を回った。

リプロが高い市場シェアを確保する上で強い競争力となったのは、プラスチック再生加工業界では初めてＪＩＳ（日本工業規格）の認定を受けたことだ。測量杭は公共的なものであり、そこには一定の品質基準が必要である。しかし、廃材を加工するプラスチック再生加工では認定する条件が難しいためＪＩＳは制定されていなかった。

そこで、リプロは自分たちでマニュアルを作成するなどしてＪＩＳの必要性を訴え続けた。その結果、一九八三（昭和五十八）年にはプラスチック再生加工のＪＩＳ規格が制定され、三年後にはリプロは業界で初めてＪＩＳの認定を取得した。この認定によって市場から高い信頼を得るようになり、市場シェアの拡大に大きく貢献していった。現在は、国際規格のＩＳＯ９００１とＩＳＯ１４００１を運用し、高いリサイクル品質を継続している。

測量杭の高い付加価値化で社会に貢献

プラスチック再生測量杭を安定的に生産するとともに、今後の成長に向けたテーマとして掲げているのが測量杭の高付加価値化である。その一環として開発したのがＩＣタグを埋め込んだ情報杭®だ。

ＩＣタグは、メモリー機能があるＩＣチップと小型アンテナで構成され、専用の読み取り機を使って無線でＩＣチップと通信できるものである。ＩＣチップに座標や、地目、所有者などの情報を記憶させておけば、現場で携帯電話や情報端末からいつでも情報を検索したり、ダウンロードできる。リプロはすでに十数年前に情報杭®の特許を取得しており、二年前からは国土交通省にも採用され、国道に敷設《ふせつ》され始めている。

また、二〇〇七（平成十九）年には大日本印刷株式会社などと共同で、インテリジェント基準点向けにICタグを開発した。これはエンジニアリングプラスチックを活用した、高い耐久性を有するICタグだ。インテリジェント基準点は、国土地理院が規定した測量用基準点の名称で、従来の基準点にICタグを組み込み、個々の位置情報を情報杭®に記録することで生活支援やメンテナンス履歴、測量の効率化を図ろうというものだ。

高付加価値を実現した情報杭®と岡田社長（撮影：城市創）

ICタグを利用したインテリジェント基準点

さらに、二〇〇七（平成十九）年には杭にセンサーを埋め込んだ、現場での動体調査型〃情報発信杭〃も開発している。これは温度や角度などの変化をセンサーがキャッチし、その情報を管理端末などに送信するものである。例えば、これを傾斜地に設置しておけば、大雨の後でも、わざわざ現場に行かなくても傾斜地の異常を把握することができ、安全・安心に大きく貢献すると期待されている。

プラスチックを再生したリプロの測量杭は、技術の進化に的確に対応しながら商品価値を高めるとともに、国土のインフラとしての役割を果たしている。

株式会社リプロ　　http://www.ripro.co.jp/
資本金：1,500万円　従業員数：50名　売上高（直近年度）：16億2,400万円

「ものを伝える」サインの世界を切り開く

株式会社オガワ
（広島市）

街を彩るサインの製作メーカー

普段は特別に意識しないが、ふと気が付くと、街を彩る美しい装飾的な銘板や案内に目を奪われることがある。いわゆるサイン（金属装飾）と呼ばれるものだ。

サインは、私たちの日常生活と深く結び付いており、なくてはならない存在になっている。しかも、単に情報を視覚化して提供するだけでなく、そのデザイン性により都市空間を美しく豊かにするなど、多様で大きな役割を担ってきている。

このサインの設計、製作、施工などを主な事業としているのが株式会社オガワである。

オガワは、一九六三（昭和三十八）年に小川芳範会長の父、小川次郎氏が個人で始めた金属銘板の製作に始まる。最初は、ネームプレートの「切文字」を手掛けていた。切文字は文字の形を金属で作るもので、糸鋸《いとのこ》で真鍮《しんちゅう》や銅を加工し、はんだ付けするという、まったくの手作業だった。

小川会長は、高校を卒業後、広島市内の建築金物の会社に就職した。そこで八年ほど勤めたものの、長男として父の手助けをしようとの思いから会社を辞め、一九七五（昭和五十）年から父と二人で事業を行うようになった。その後、事業を本格化するため、一九七七（昭和五十二）年に法人化した。

転換点となったCIブーム

法人化したものの、オイルショックの影響などから景気は悪く、事業は順調に進まなかった。また、当時の建設業界では、サインは看板の一部の小さな仕事とされており、市場規模も小さかった。そのため、仕事は少なく経営的にも非常に厳しい状況にあった。

その後、仕事ぶりが高く評価されたこともあって、口コミなどで少しずつ仕事は増えてきた。そんなオガワにとって大きな転換点となったのは、一九八五（昭和六十）年ころから始まった企業でのＣＩ（コーポレート・アイデンティティー）ブームだった。

ＣＩは企業の経営理念やイメージの定着を戦略的に図ることで、日本電信電話公社の民営化によるＣＩをきっかけとして、全国的にＣＩブームが巻き起こった。各企業は競うようにＣＩに取り組み、会社の新しいロゴの作成などを行うようになったのだ。

オガワは、それまで十人程度の従業員で主に広島市内の仕事を行っていたが、小川会長は会社の将来を見据え、本格的に設備を導入して規模拡大に取り組むことを決意した。しかも、その設備投資額は当時の年間売上高約一億円に匹敵する金額だった。

この小川会長の決断には社員全員が反対したという。しかし、小川会長は一九八七（昭和六十二）年、当時発売されたばかりのレーザーマシンを約一億円で導入した。まさに、会社の将来をかけた決断だった。

島根県松江市の道の駅に設置されているサイン（写真提供：オガワ）

クライアントの思いをくみ取る

大決断ともいえるレーザーマシンの導入によって、仕事は格段にスピードアップし、受注拡大が可能となった。その一方で、できる限り仕事を受注し、こなしていかなければならなかった。

そこで、一九八九（平成元）年二月には東京営業所を開設した。東京進出には、生産体制を本格的に機械化したのを機に、事業の拡大をアピールしようとする意味もあった。その結果、二、三年後にはさらにもう一台のレーザーマシンが必要となるほど、受注は拡大していった。

「レーザーマシンを導入せずにあのまま従来のやり方に固執していたら、広島の小さな会社のままだったでしょうね。いや、とっくに廃業していたかも」と、小川会長は笑いながらその時の決断の重要さを語った。

その後、オガワは向上した生産能力を生かして受注量を増やすとともに、製品のクオリティーともいえる表現方法の追求にも力を注いでいった。例えば、ビル名のサインにしても、そこにはクライアントの思いやイメージがある。しかし、それを一〇〇パーセント満たすことは技術的な問題を含めてなかなか難しい。といって、まったくかけ離れたサインではクライアントの満足は得られない。

そこで必要なのが、クライアントの思いやイメージを十分にくみ取り、自社の技術を応用して、それにより近いサインを製作することだ。オガワはそのための技術力の向上や製品開発などに努めた。

「人にものを伝える」という理念

クライアントの思いやイメージにより近いサインへの挑戦は技術力の向上だけでなく、素材の拡大にもつながっていった。金属装飾でスタートしたオガワが素材としてきたのは金属だった。しかし、そこには加工上の限界がある。そこで、アクリルや石、木材といった多種多様なものへと素材を広げていった。

さらに、サインの持つ可能性への挑戦は、素材だけでなく、音や光、色など五感に訴える領域にも広がっている。このうち触感による可能性を追求した成果の一つが、視覚障がい者のための「手摺り用点字銘板（ブレイル２１）」の開発であった。これは公共施設の階段の手摺りなどに付けられているもので、この階段を上がればどこに出るかを正確に伝えるものだ。さらに現在は、点字に触れると音声案内が流れる点字銘板も開発中である。

そうした可能性を切り開くために、小川会長は若い社員の持つ新しい感性や技術を認め、開発部門を強化して新分野の開発といった新たなチャレンジを支援している。その成果として生まれたものの一つがブレイル２１で、二〇〇一（平成十三）年にはひろしまグッドデザイン「ユニバーサルデザイン賞」を受賞した。

また、二〇〇三（平成十五）年には、従来のインクジェットフィルムや印刷などとはまったく異なった金属プレート「リアルプレート」を開発した。これは視覚と触覚を融合させた表現が可能なもので、例えば葉の模様とともに、実際に葉に触った感触も表現されている金属板である。これも、ひろしまグッドデザイン賞「技術賞」を受賞した。

「サインは、これまでの広告に近い考え方から、ユニバーサルデザインやノーマライゼーションの発想を重視したものになっていくと思います。サインの理念は人にものを伝えることです。そのことを大切にしながら、さまざまな表現を開発していかなければならないと考えています」と、小川会長。

住み良い社会を構築していく上で、サインの役割はますます重要になりそうである。小川会長の力強い言葉からは、それを第一線で担っていこうという強い自負と自信が感じられた。

株式会社オガワ　http://www.sign21.co.jp/
資本金：1億6,760万円　従業員数：150名

酒粕《かす》と植物乳酸菌で新たなヘルスケア機能商品を開発する

広島大学
中国醸造株式会社
野村乳業株式会社
（広島市・広島県廿日市市・広島県府中町）

酒粕の機能性で付加価値を高める

清酒もろみから酒を搾った後に残る酒粕は、米のタンパク質やアミノ酸などが豊富で、しかも、もろみの酵素が生きており、昔から奈良漬けやわさび漬け、魚や野菜などの粕漬けなどに使われてきた。現在、日本酒の醸造量の減少に伴って酒粕の価格は上昇傾向にあるが、これまでは酒の「副産物」でしかなく、新しい用途はなかなか開発されなかった。

「そこで、酒粕の機能性を生かして、付加価値を高める研究開発に取り組もうと考えたのです」。こう語るのは中国醸造株式会社の白井敬司常務取締役である。

中国醸造は一九一八（大正七）年の創業以来、廿日市市で清酒や焼酎などを製造している総合酒類メーカーだ。

まず酒粕の機能性研究が必要だと判断した白井常務は、広島大学大学院医歯薬学総合研究科の杉山政則教授を訪ね、共同研究を申し入れた。杉山教授は遺伝子制御科学を専門とし、シミ、ソバカスの原因とされるメラニン生成酵素（チロシナーゼ）を作る遺伝子を持った黒色の大腸菌を創出していた。

酒粕をコアに生まれた知的クラスター

杉山教授が注目したのは、「杜氏《とうじ》の肌は白くてつやつやしている」という酒造業界の通説だった。そこで酒粕を水で溶いた液を大腸菌の培養液中に加えてみると、黒い色素が生じなかった。酒粕にメラニン色素の生成を阻害する物質が含まれていることが判明したのだ。

さらに、動物実験を通じて、杉山教授は酒粕の皮膚炎改善効果も見出した。

酒粕の美白効果を商品化できる。そう判断した白井常務はさっそく、パウダー化した酒粕に緑茶パウダーを加えた入浴剤を開発した。

緑茶パウダーは、酒粕の匂いを抑えるのに加え、酒粕の効果をさらに高める研究結果が出たためだ（特許公開中）。こうして商品化したのが入浴剤「ＳＨＩＳＰＯ（シスポ）」で、さらに、酒粕と緑茶を使った石鹸「和風美人」も商品化していった。

こうした発見がきっかけとなって、二〇〇三（平成十五）年には中国醸造をはじめとする地場企業が大学の研究シーズの下に結集し、文部科学省の「知的クラスター創成事業（広島バイオクラスター）杉山プロジェクト」がスタートした。

乳酸菌の増殖機能とギャバの大量生産

プロジェクト研究を進めるなかで杉山教授は、調味料としても有効な酒粕の応用法を地元企業に助言した。その企業が、広島市に隣接する府中町で百年にわたって乳製品を製造してきた野村乳業株式会社である。

野村乳業は助言にしたがって、さっそく酒粕入りヨーグルトを試験製造した。すると、製造時間が通常の三分の一に短縮できた。このことから酒粕には乳酸菌増殖促進因子が含まれているとの仮説を立て、商品化に向けた研究が始まった。

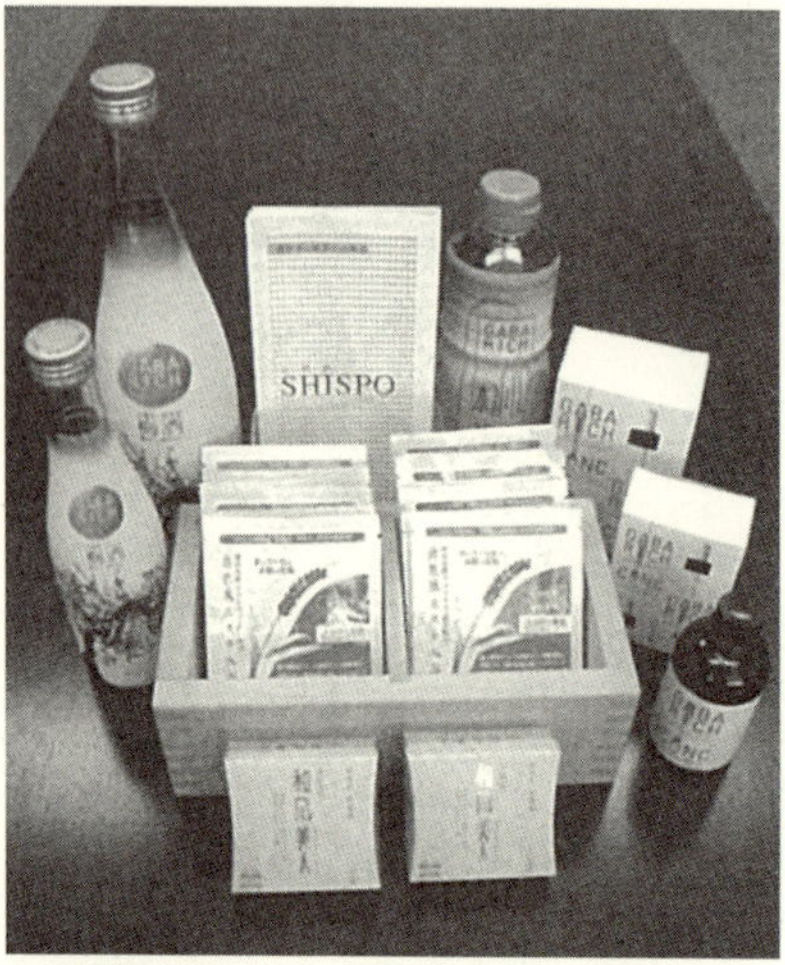

中国醸造が開発した商品群（撮影：城市創）

こうして「植物乳酸菌から生まれたヨーグルト」が二〇〇四（平成十六）年に生まれた。植物乳酸菌は、生きたまま腸内に届くため腸内の働きを助ける効果があり、健康志向にマッチしている。

その一方で、植物乳酸菌では固形ヨーグルトはできないというのが「業界の常識」であった。その意味で、世界に先駆けて開発した「植物乳酸菌から生まれたヨーグルト」は業界を揺さぶる新製品の誕生といえる。

さらに、杉山教授は酒粕の増殖促進機能を活用してギャバ（GABA・γ-アミノ酪酸）を高生産する植物性乳酸菌の利用法を考えた。ギャバは、血圧降下やリラックス効果があるとされるアミノ酸で、健康素材として注目されている。ギャバを高生産する乳酸菌は、家庭菜園で育てたニンジンから採取したものだ。少量の酒粕とグルタミン酸を加えた広島産温州みかんの果汁に、その乳酸菌を接種して培養すると、ギャバを多量に含む乳酸発酵みかん果汁が出来る。

植物乳酸菌から生まれた、野村乳業のヨーグルト（撮影：城市創）

産学連携で育つヘルスケア・ビジネス

こうして開発された、ギャバを効果的に作る植物乳酸菌からはさらに新しい商品が誕生している。

まず、中国醸造では、温州みかんの果汁を乳酸発酵したものにアルコールを加えることで安定性の高いギャバ液を開発し、これに梅酒をブレンドして「ギャバリッチ梅酒」を商品化した。さらに、ギャバを摂取してもらうために、ギャバ高含有のみかんリキュール「GABAR

ＩＣＨ ＣＯＮＣ（ギャバリッチ　コンク）」も開発した。

一方、野村乳業でも植物乳酸菌の第二弾として「植物乳酸菌プラスＧＡＢＡ」を開発した。

これらの商品には、広島大学と地元企業の産学共同プロジェクトから生まれた製品であることを示すために「ビオ・ユニブ広島」のロゴマークが付けられている。このロゴマークは広島大学が商標登録した。

「まさに、クラスター（ブドウの房）の名にふさわしく、酒粕と植物乳酸菌をキーワードとして次々に新しい商品が誕生していますし、植物乳酸菌の作るギャバをはじめとする機能性分子はこれからのヘルスケア機能製品開発の主役となっています」と、杉山教授。

酒粕から生まれた物質や商品は、日本だけでなく韓国からも注目され、すでに技術供与などの動きが具体化しているという。

酒粕を利用した植物乳酸菌の醗酵技術をコアとした産学連携は、広島発の新しいヘルスケア・ビジネスとして大きく育とうとしている。

ステンレスの強さと輝きを追求する

株式会社ケミカル山本（広島市）

ステンレスの溶接作業を改善したい

ナイフやフォークといった食器やキッチンセット、さらには化学・食品加工機械からステンレス車両など幅広い分野で使われるステンレスは現代生活には欠かせない金属である。その表面仕上げで独自の技術を開発し、全国の金属加工メーカーから高く評価されているのが株式会社ケミカル山本である。

ケミカル山本が創業したのは一九八二（昭和五十七）年である。創業者である山本正登社長は三菱重工業株式会社広島研究所で製鉄機械などの研究も続けてきた。山本社長は定年退職を迎えた時、ある思いを抱いていた。それはステンレスの溶接作業を何とか改善したいということだった。それを実行するためにケミカル山本を創業したのだ。

安全・無害にステンレスの焼けを取る

ステンレスは、鉄の最大の弱点であるさびに強いため、日本では昭和五十年代から急速に普及するようになった。しかし、ステンレスの加工には大きな問題があった。ステンレスを溶接すると、溶接部が酸化して「焼け」ができ、放置しておくと腐食の原因となるのだ。

焼けを取るためには硝酸やフッ化水素酸を混合させた「硝フッ酸」を塗り、表面を処理する方法しかなかった。しかし、硝フッ酸は劇毒物で、手に付くとやけどをしたり、爪の間に入ると夜も眠れぬ激痛を引き起こす。山本社長はそんな現場の課題をなんとか解決しようと考えたのだ。

こうして開発したのが、電源器と、塩のような中性塩の電解液を使う「中性電解焼け取り法」である。まず、特殊な布をかぶせた金属製の電極をステンレスの表面にあてがう。次に電流を流しながらなぞるだけで、電解液が瞬時に酸と水酸化ナトリウムに分かれ、その酸が表面の焼けを取り、ピカピカにする。電流を止めると、再び酸と水酸化ナトリウムが結合し、元の安全な電解液に戻る仕組みだ。

「展示会などに出展すると、硝フッ酸に悩まされてきた焼け取りの担当者が率先して購入してくれます。そのうれしそうな表情を見ると、技術者冥利《みょうり》に尽きますね」と、山本社長はにこやかに語った。

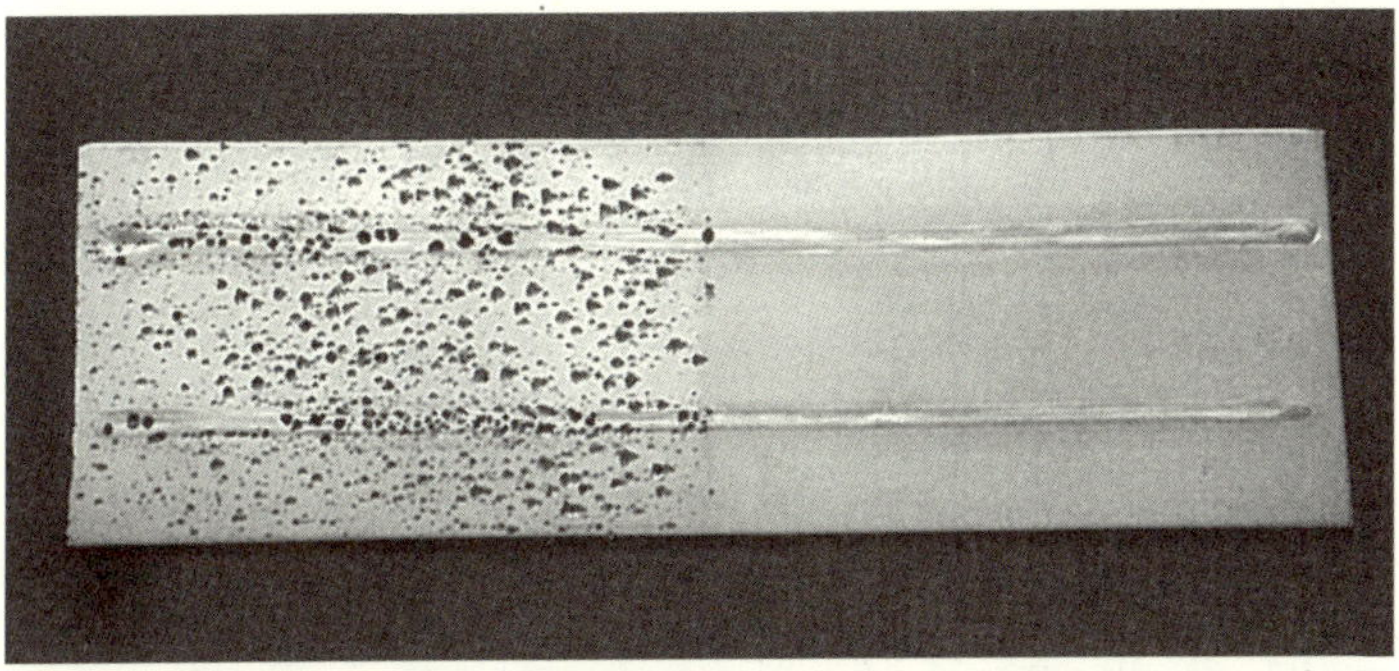

スーパー不動態化膜の有無による耐食性の違い（右半分がケミカル山本のスーパー不動態化膜を使用したもの）（写真提供：ケミカル山本）

中性電解焼け取り法は、その高い技術力が評価され、発明大賞や中小企業庁長官奨励賞、科学技術庁長官賞、さらには黄綬褒章受章の栄に輝いた。

錆の防止を増強するスーパー不動態化膜

中性電解焼け取り法によって溶接現場の環境を飛躍的に改善させたケミカル山本は、ステンレスを中心としながら事業領域を拡大していった。その一つが不動態化処理だ。

ステンレスは鉄にクロムやニッケルなどを含有させた合金鋼である。それでもさびにくいのは、クロムが酸素と結合し、表面に不動態被膜という目には見えない非常に薄い膜を作り出すからだ。

「しかし、海辺で長時間使用したり一部の薬剤に触れると、不動態被膜が取れてさびたり、ステンレス自体が腐食したりします」と、山本社長。さらに、特に海水や塩分を含む溶液中ではピンホールを発生して大きな問題となる。

そこで開発したのが「スーパー不動態化膜」である。これは、含フッ素中性電解液処理によって新たなフッ素系不動態化被膜と従来の酸素系不動態化被膜を複合させることにより、海水などに浸けてもステンレスの表面に孔食やステンレスの宿命として恐れられている応力腐食割れなどが発生しないようにしたものである。しかも、被膜はステンレスの表面だけでなく内部にまで浸透、拡散し、被膜の強度を増強させている。

ステンレスの材種を瞬時に判別する

さらに、ステンレスに含まれるマンガンの含有量を非破壊的に判別する「ＹＭ式マンガンチェッカー」も開発している。ステンレスにはクロムやニッケルの含有量が一定量以上必要であるが、ニッケルが希少金属で高価なため、安価なマンガンを含有させた「省ニッケルマンガン配合ステンレス」が増加している。その一方で、ステンレスはほとんど再生利用されるため、この種のステンレスのスクラップが混入すると不純分物扱いのマンガン量が増えるために再生品が規格外になってしまうことが懸念されている。

そこで開発したのがＹＭ式マンガンチェッカーで、ステンレスの表面で専用の電解液と電池で電気化学反応させ、発色する色の濃度でマンガンの有無や量を判別するものだ。こうしたチェッカーはマンガン以外にも対象を広げている。これは大手ステンレスメーカーとの共同開発であるが、その技術の多くはケミカル山本が培ってきたノウハウと技術である。

これ以外にも、ステンレス溶接時に発生するヒュームや、スラグ中に潜む、発ガン性で有害な六価クロムの無害化処理剤など、新しい手法の開発や製品化にも先進的に取り組み、二十七年間事業を発展させてきた。

子どもたちに科学の不思議さと面白さを

「こうした事業以外にも、子どもたちに化学の不思議や面白さを体験してもらうための『わくわくケミカルクラブ』も毎月一回開催し、子どもたちに大好評です。これも今年で三年目となります」と、山本社長は言葉を続けた。

このクラブは社団法人発明協会広島県支部に提唱し主催してもらっているもので、資金は山本社長個人が全額出資している。ケミカル山本は共催者として会場を提供するとともに、研究員も派遣している。まさに、地域に密着した社会貢献だ。

ケミカル山本が掲げるモットーは「ステンレスにより耐食性（つよさ）と輝きを」である。そこからは、溶接現場の環境改善を目指した創業理念をしっかりと堅持しながら、ステンレスの可能性をさらに高めたいという志が伝わってくる。

株式会社ケミカル山本　http://www.chemical-y.co.jp/
資本金：1,600万円　従業員数：50名　売上高（直近年度）：6,000万円

斬新な発想で計測機器市場を開拓する

株式会社宝計機製作所（山口県柳井市）

「進取創造」の秤《はかり》製造会社

江戸時代の商家が立ち並び「白壁の町並み」で知られる山口県柳井市。室町時代の町割がそのまま残り、妻入形式、本瓦葺《ぶき》、入母屋型の屋根、白漆喰《しっくい》・土蔵作りの商家の家並が続いている。この地区は国の重要伝統的建造物群保存地区に選定されるなど、落ち着いた雰囲気のある町だ。

この柳井市で、創業六十周年を迎える歴史のある会社でありながら業界でいち早くコンピューターを導入し、デジタル化に対応した新たな製品を開発しているのが株式会社宝計機製作所である。

宝計機製作所は、計量機器メーカーとして機器のシステム化・電子化に積極的に取り組み、同社のモットーである「進取創造」を追求している。そして、特許取得を武器に「はかりのシステムメーカー」として新製品開発に取り組み、着実に成果を挙げている。

発明家の父の創業と事業拡大

宝計機製作所は、現社長である政田寛氏の父である敏雄氏（故人）が一九五〇（昭和二十五）年に創業した周防度量衡株式会社に始まる。戦前から秤の修理業を行っていた敏雄氏は終戦後外地から帰国すると、秤の修理から始め、すぐに製造にも着手した。

一九五二（昭和二十七）年には現在の社名の株式会社宝計機製作所に変更し、また一九六〇（昭和三十五）年にはそれまで三カ所に分かれていた工場を統合し、現工場へ移転し、現在に至っている。

当時の販売は農業用秤が主で、食料増産を農政の重要課題としていた時代背景もあって、米の供出用として計量用の秤が全国的に必要とされていた。宝計機製作所はこの分野で取引のあった新潟県などで販売実績を大きく伸ばし、農業用の秤メーカーとして全国大手五社に入るまでになった。このように一九七〇（昭和四十五）年くらいまでは農業用の需要が中心であった。

また、この時期、自然薯《じねんじょ》の栽培器を開発し、特許を取得している。自然薯と秤メーカーとは一見結び付かないが、前社長の敏雄氏は発明家であり、斜めに自然薯を栽培する画期的な自然薯栽培器を開発し、宝計機製作所の貴重な収益源としたのだ。

昔ながらの製造の限界と新製品開発

宝計機製作所は農業用の秤を主力製品として売上を伸ばしてきたが、農業用の秤は農業政策の転換の影響により、昭和四十年代後半から標準型製品は売れなくなった。カントリーエレベーターが全国的に導入されるようになったのだ。カントリーエレベーターは、米の収穫時期に農家の人々が稲刈りをした籾《もみ》を乾燥・調製してサイロに保管し、米が必要な時に籾摺りをして米を出荷する施設である。この導入によって、これまでのように一軒一軒の農家が個別に計量する必要性が低くなったのだ。

安全性を著しく向上させた防爆型ＬＰガス全自動充填式システム
(写真提供：宝計機製作所)

　こうした農業用計量機器の需要減に対応するため、宝計機製作所は新たな製品開発による需要開発に注力することとなった。その結果、一般的な分野の計量機器製品から特殊な分野の製品に特化し、他の計量機器メーカーの作っていない製品の製造へシフトしていった。

逆境をチャンスに転化する

宝計機製作所は、その後、多連流水発電装置などさまざまな分野で新製品づくりを行ってきた。そうしたなか、県内大手工場の依頼で耐圧防爆型計量機の開発に成功したのをきっかけに、防爆型のＬＰガス全自動充填式《じゅうてんしき》システムの開発に取り組むこととなった。これは福岡市にある会社から開発を持ち込まれたもので、宝計機製作所は、他社で不可能だった計量システムを開発することに成功したのだった。

この防爆型ＬＰガス全自動充填式システムは、従来の充填方式では過充填による夏場のガス噴出の恐れがあったものを、正確な分量のガス充填を全自動で行うことにより、安全性を著しく向上させることに成功した。

その他の新製品としては、農業用音声選別機「分太《ぶんた》」がある。これは、野菜や果物の大きさを、機械が音声で知らせることにより、Ｌ・Ｍ・Ｓサイズに仕分ける人を補助するものだ。作業労力の軽減に役立ち、ヒット商品となった。また、果物の大きさ、色合いなどによる選別を、画像データにより自動的に行う画像処理簡易選別システムも開発し、人が触れば触るほど傷む果物の出荷過程の自動化に貢献した。

こうした新たな市場を開拓することも現社長の推進する課題であり、それは着実に進んでいる。

政田社長は、今後の会社経営に関し、社内に「タカラプロジェクト」を立ち上げた。これは社員から十二、三人を選抜し、目標をもったマネジメントを遂行させ、五年後の会社の将来像を策定させる取り組みだ。会社の将来計画について、毎月のミーティングを重ね、改革を継続し続けている。

先進的で父譲りの発明家の才気を感じさせる政田社長は、これからも新たな発想の製品を生み出し続けようとしている。

株式会社宝計機製作所　http://www.takara-scale.co.jp/
資本金：1,000万円　従業員数：50人

地中熱を活用して「総合的な健康」を提供する

株式会社ジオパワーシステム（山口県美祢市）

愛知万博の日本政府館採用で一躍注目

二〇〇五（平成十七）年に愛知県で開催された「愛知万博（愛・地球博）」。百二十一カ国と四国際機関が参加し、会期百八十五日間の総入場者数は二千二百万人を超えるなど、大成功の国際イベントとなった。

愛知万博はテーマに「自然の叡智《えいち》」を掲げ、人間と自然が共生する豊かな世界を打ち出した。その愛知万博で、日本政府館（瀬戸日本館）に採用されて注目されたのが、地中熱を活用して館内の冷暖房に生かす省エネルギー換気システムである。

開発したのは株式会社ジオパワーシステム。本社がある美祢市秋芳町は日本最大のカルスト景観地で知られる秋吉台が広がる町だ。

井戸水をヒントに生まれた省エネ換気システム

社名をそのまま製品名とした省エネルギー換気システム「ジオパワーシステム」。それが誕生するヒントとなったのは井戸水だった。今ではほとんど見かけなくなったが、かつては多くの家庭に井戸があった。

「井戸水は、冬は温かく、夏は冷たい。それは地中温度によるものですが、環境問題が人類の大きな課題となっているなかで、その原理を住宅などの冷暖房にも応用できないだろうかと考えたのです」

こう語るのはジオパワーシステムの橋本東光会長。一九九七（平成九）年のことだ。橋本会長はさっそく、山口大学工学部で地質学を研究していた水田義明教授と共同で実験を繰り返し、製品化に向けたデータを蓄積した。

その結果、地中温度は約五メートルの深さから、四季や外気温に関係なく一五℃前後で安定していることを突き止めた。そして、この地中熱を活用して、夏場には冷たい空気を、冬場には温かい空気を室内に取り込もうと考えたのだ。

地中のパイプで熱を集め石で蓄熱・蓄冷

ジオパワーシステムの仕組みは、約五メートルのパイプを地下に埋め込んで地中熱を集め、床下に敷き詰めた「グリ石」に蓄熱・蓄冷し、地下や屋根裏、室内、床下間をファンで循環させ、効率よく基礎となる空調を供給するものだ。五メートルの深さは、地中温度が安定する深さであるとともに、掘削するのにさほどコストがかからない深さでもある。また、グリ石は大人のこぶし大の、どこにでもある石だ。

地下に埋めるパイプを手にする橋本会長（撮影：城市創）

しかし、問題点はパイプの材質だった。当初は軽くて腐食に強いポリエチレンを採用していたが、地質によっては施工が難しいことが判明した。そこで、神戸製鋼所長府製造所の協力を得て、アルミ管の中にポリエチレンパイプを通す二層構造のパイプを開発した。これによって、地質にかかわらず簡単に施工できるようになった。

あくまでも「総合的な健康」を提供

ジオパワーシステムは、あくまでも地中熱を使って基礎となる空調を提供するもので、エアコンなどを代替するものではない。したがって、冷暖房の足りない部分はエアコンなどで補うことが必要で、システムだけでは温度の設定もできない。

「しかし、それが良いと思います。快適追求イコール健康ではないというのが私たちの基本コンセプトです。地球の『健康』も考えた、総合的な意味を持つ健康を実現するためには、ジオパワーシステムなどによる自然の恵みと、エアコンなどによる少しの補助熱源、そして私たちのちょっとした我慢が必要だと思います」と、橋本会長は強調する。

ジオパワーシステムはすでに日米で特許を取得しており、国内ではこれまで全国の施工業者で構成される「GEOパワーシステム会」を通じて普及を図ってきた。それとともに、愛知万博の日本政府館に採用されるなど、ジオパワーシステムへの評価は急速に高まり、二〇〇六（平成十八）年には「新日本様式協議会」が発表した「新日本様式百選」にも選ばれた。新日本様式協議会は、独特の発想に基づいた製品・コンテンツなどを表彰し、新しい「日本発ブランド」の定着を目指すもので、選定商品は「Jマーク」を付けて販売や営業活動ができるようになっている。

地球規模で環境保全に貢献する

こうした評価を受けて、国内では保育園をはじめとした公共施設への導入が進むとともに、海外の企業からの問い合わせも着実に増えてきている。

「ジオパワーシステムは世界に一つしかない技術です。その優位性をフルに生かしながら、日本だけでなく世界に普及させるとともに、地球規模で環境保全にも貢献していきたいと考えています」と、橋本会長は力強く語る。

山口県の小さな町で伝統的な井戸をヒントに誕生したジオパワーシステムは、自然の恵みと技術を融合させた新しいエネルギーシステムとして、着実に普及しようとしている。

株式会社ジオパワーシステム　http://www.geo-power.co.jp/
資本金：１億500万円

【初出一覧】

本書に掲載している企業家および企業、技術等は、中国電力株式会社エネルギア総合研究所が発行する「碧い風」に掲載されたものです。それぞれの掲載号は次のとおりです。なお、掲載にあたっては「碧い風」の記事に加筆修正しています。

第一部　輝く企業家精神

株式会社米吾　社長　内田雄一朗（53号・2005年8月発行）
株式会社ビックツール　社長　新井高一（58号・2006年11月発行）
環境グループ　代表　河本弘文（63号・2008年7月発行）
農事組合法人松永牧場　代表　松永和平（55号・2006年2月発行）
エステック株式会社　社長　永島正嗣（61号・2007年11月発行）
株式会社源吉兆庵　社長　岡田拓士（52号・2005年5月発行）
株式会社フジワラテクノアート　社長　藤原恵子（57号・2006年8月発行）
オーティス株式会社　社長　佐山修一（62号・2008年3月発行）
株式会社アスカネット　社長　福田幸雄（56号・2006年5月発行）
新光電業株式会社　社長　新藤正信（49号・2004年8月発行）
海水化学工業株式会社　社長　常森喬紀（54号・2005年11月発行）
株式会社安成工務店　社長　安成信次（59号・2007年2月発行）
関西化研工業株式会社　社長　重永つゆ子（64号・2008年11月発行）

第二部　光る企業・技術

株式会社細田企画（51号・２００５年2月発行）
鳥取大学・株式会社モチガセ（59号・２００７年2月発行）
キシ・エンジニアリング株式会社（53号・２００５年8月発行）
島根大学・出雲土建株式会社（56号・２００６年5月発行）
有限会社岩﨑目立加工所（59号・２００７年2月発行）
島根大学・山陰電工株式会社・有限会社小村産業・株式会社ワコムアイティ（63号・２００８年7月発行）
株式会社マリンフロート（60号・２００７年7月発行）
岡山大学・岡本製甲株式会社（62号・２００８年3月発行）
株式会社リプロ（63号・２００８年7月発行）
株式会社オガワ（47号・２００４年2月発行）
広島大学・中国醸造株式会社・野村乳業株式会社（61号・２００７年11月発行）
株式会社ケミカル山本（64号・２００８年11月発行）
株式会社宝計機製作所（55号・２００６年2月発行）
株式会社ジオパワーシステム（61号・２００７年11月発行）

キラリ！輝く元気企業
－中国地域を支える企業家精神と技術力－

2009年2月10日　初版発行

編　　者　中国電力株式会社エネルギア総合研究所
編集協力　有限会社城市創事務所
発　　行　吉備人出版
〒700-0823 岡山市丸の内2丁目11-22
電話 086-235-3456　ファックス 086-234-3210
ホームページ http://www.kibito.co.jp
Eメール books@kibito.co.jp
印刷・製本　産興株式会社

ISBN978－4－86069－222－3 C0034　¥1000E

「地域再生」のヒントはこれだ！
江戸時代の「地域再生」に取り組んだ経世家たちの
理念と実践を現在に伝える一冊！

歴史に学ぶ地域再生

中国地域の経世家たち

社団法人中国地方総合研究センター 編

「地域再生が強く求められる現在、中国地域の経世家たちの実績は地域活性化の実例として十二分の価値をもっている」（作家・童門冬二）

ISBN 978-4-86069-208-7　C0033

●目次から

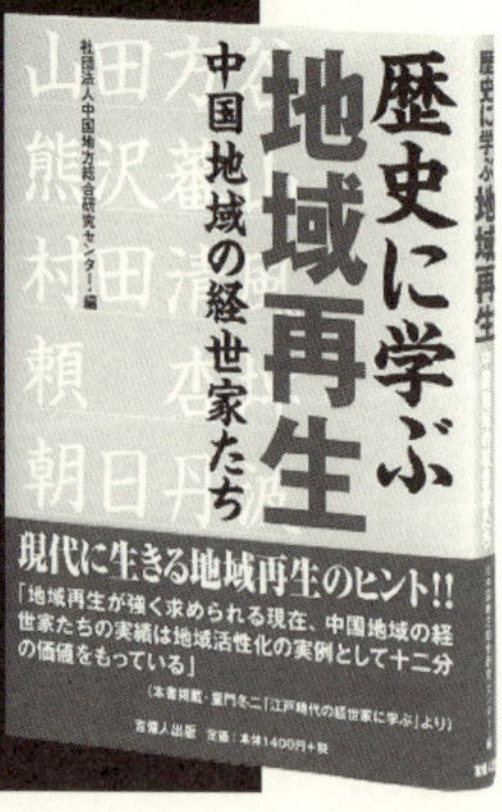

■B６判／並製本／4色カバー巻き／260頁
■定価：本体 1400 円＋税（税込み 1470 円）
■お求め・お問い合わせ　吉備人出版 TEL086-235-3456